CONSIDÉRATIONS

SUR

L'INFANTERIE,

DÉDIÉES

AUX

OFFICIERS DE L'INFANTERIE SUÉDOISE,

PAR

C.

(S. M. LE ROI CHARLES XV DE SUÈDE ET DE NORVÉGE.)

STOCKHOLM,   PARIS,
LIBRAIRIE ROYALE DE C.-E. FRITZE   CH. TANERA, LIBRAIRE,
(EM. GIRON).   6, RUE DE SAVOIE.

CONSIDÉRATIONS

SUR

L'INFANTERIE,

DÉDIÉES

AUX

OFFICIERS DE L'INFANTERIE SUÉDOISE,

PAR

𝕮.

(S. M. LE ROI CHARLES XV DE SUÈDE ET DE NORVÉGE.)

<table>
<tr><td>STOCKHOLM,</td><td>PARIS,</td></tr>
<tr><td>LIBRAIRIE ROYALE DE C.-E. FRITZE</td><td>CH. TANERA, LIBRAIRE,</td></tr>
<tr><td>(EM. GIRON).</td><td>6, RUE DE SAVOIE.</td></tr>
</table>

STOCKHOLM,
IMPRIMERIE BECKMAN.
1868.

INTRODUCTION.

—

L'infanterie constitue la masse prépondérante d'une armée, et toutes les réorganisations militaires qui ont eu lieu à des époques plus récentes, ont toujours eu pour objectif principal la force et le développement de cette arme.

Au temps où chaque homme portait une épée et savait en faire usage, il n'était jamais difficile d'obtenir des troupes à pied suffisamment aguerries. Mais depuis l'invention de la poudre, et du moment où le fusil fut l'arme indispensable du fantassin, l'éducation militaire de ce dernier devint une nécessité absolue, à mesure, surtout, que l'habitude des combats individuels cessa toujours davantage en temps de paix.

L'organisation militaire a varié avec les temps et les besoins; mais, durant les derniers siècles, jusqu'à une époque bien rapprochée de nous, l'infanterie s'est en général recrutée par l'enrôlement. La révolution française inaugura l'ère de la conscription ou des milices nationales, mise plus tard en système régulier par Napoléon Ier. Cependant, on voyait déjà vers la fin du 16ème siècle et le commencement du 17ème, l'effectif de cette arme dépasser de beaucoup celui des deux autres. Plusieurs causes y avaient contribué: la mobilité plus grande de l'infanterie, la faculté précieuse qu'elle possède de pouvoir se battre sur tous les terrains, la modicité et la simplicité relatives de ses armes et de son équipement.

Désormais, l'on peut dire, sans la moindre exagération, que l'issue du combat est principalement dans les mains de l'infanterie.

Sans contester le moins du monde la nécessité de l'action simultanée de toutes les armes, il est positif que l'infanterie agissant seule et sans la coopération des deux autres, se tirera mieux d'affaire et sera plus effective que les deux autres sans elle.

Dans le combat, le fantassin dépend infiniment moins de la condition du matériel que le cavalier et l'artilleur, et sa force morale peut se développer d'autant plus librement. Que fera le cavalier, même le plus brave, le plus dévoué à ses devoirs, avec une monture épuisée d'inanition et de fatigue? Que fera l'artilleur, si l'attelage de ses pièces est défectueux?

On dirait presque que toutes les inventions du 19ème siècle tendent à faire exécuter par des machines ce que jadis la bravoure seule avait la mission d'effectuer. Sans doute, elles exercent une influence notable dans les combats, mais elles n'ont pu, jusqu'ici du moins, enlever à l'infanterie le premier rang parmi les trois armes.

Sous l'effet des améliorations apportées aux armes à feu, et en face de l'importance inouie que l'on donne à la rapidité de leur action destructrice, bien des personnes ne verront peut-être désormais dans l'infanterie que des masses plus ou moins grandes d'hommes, dont l'unique charge sera d'accompagner les engins de destruction ou de les employer eux-mêmes à de longues distances, pour décider le sort du combat. Le calme qui permet la réflexion dans le danger, l'ocil qui, sur le champ de bataille, saisit le moment opportun de l'attaque, la pensée qui, d'après un plan mûrement médité, dirige les éléments divers de l'arméc, le courage qui triomphe de tous les obstacles, toutes ces choses-là seraient-elles devenues des mots sans valeur? Je ne le crois pas.

Bien loin de là! Ces qualités devront désormais augmenter en force, grandir en intensité, pour résoudre de nos jours, sur les champs de bataille, les mêmes données que jadis, si même ces données se présentent maintenant sous une forme plus difficile et plus compliquée.

L'ardeur à triompher du danger, à surmonter l'obstacle, est et sera toujours le plus sûr critère du vrai guerrier. La prudence lui sera toujours nécessaire pour atteindre à son but, mais jamais elle ne compensera le manque de bravoure.

Sans connaissances, nul ne peut faire un usage convenable de sa sagacité ni de sa force.

Le temps nécessaire à l'instruction croît avec les exigences, et celles-ci sont en rapport direct de la grandeur du danger à vaincre. Il faut donc s'efforcer de mettre fin à tous ces paradoxes, de faire taire ces vaines maximes dont l'unique effet est d'étouffer chez le soldat le sentiment de la valeur personnelle, en ravalant l'influence de l'élément moral sur les vicissitudes et les péripéties de la guerre. On ne permettra jamais au soldat d'être tiède pour l'élévation de sentiments provoquée par le patriotisme, lequel est et restera la source de tout effort volontaire. Il doit être persuadé que plus le danger augmente par cette perfection de l'art de détruire, fruit vraiment assez étrange de notre civilisation moderne, plus devra retentir dans son coeur la corde mise en vibration par la voix solennelle de l'honneur et du patriotisme.

C'est une vérité axiomatique pour tous les hommes du métier, que plus une arme reçoit de développement, plus doit être grande la somme de l'exercice chez l'individu qui est appelé à en faire usage.

Il est naturel que les hommes en dehors du métier n'en peuvent pas suivre le développement progressif aussi facilement que nous. Avec la suffisance particulière à notre époque, bien des personnes croient voir aussi clair que ceux faisant du métier de la guerre la donnée de leur vie.

Les vérités restent toutefois immuables, si même les circonstances que je viens de signaler en peuvent entraver l'application, ou leur faire céder pour un temps la place à l'erreur.

L'habitude de mesurer les distances d'après la vitesse de la locomotive ou la rapidité de l'étincelle électrique; la facilité de fabriquer, avec des machines, différents produits que jadis seule une main exercée pouvait confectionner, ont fait rejeter au dernier plan la vieille maxime qu'il faut du temps pour toute instruction à fond, et voilà pourquoi bien des gens ne veulent pas comprendre, quand les hommes du métier leur disent qu'un long exercice n'a jamais été plus nécessaire que de nos jours.

On nous donne, à titre de compensation de l'exercice à fond du soldat, toute une série de maximes à la nouvelle mode, parmi lesquelles la suivante surtout occupe une place proéminente: le temps nécessaire à l'exercice des recrues peut être diminué, en consacrant, déjà dans l'école, une partie du temps des enfants à des exercices militaires.

Si l'on ne devait faire du fantassin qu'une machine à exercer, dont la donnée principale fût de porter avec dextérité le fusil de l'épaule gauche au pied, ce maniement appris à l'école, pourrait sans doute être réappris par les recrues dans un cours rapide de répétition.

Mais des exercices plus importants appartiennent désormais au métier du fantassin, et ces exercices, pour être bien appris, exigent un âge plus mûr que celui de l'écolier. Celui-ci considère l'exercice comme une récréation, car sans cela son goût s'attiédirait bien vite. Si l'on traite dans l'école l'exercice comme une partie de la gymnastique, il est utile en ce qu'il développe le corps de l'enfant, en ce qu'il force ce dernier à l'attention et à l'obéissance; mais l'action des officiers dans la formation des recrues, pour tout ce qui concerne la discipline, la manoeuvre, l'escrime, le tir, l'habitude des camps et de la vie en campagne dans des circonstances plus ou moins favorables, est d'une tout autre nature; elle ne pourra jamais être regardée comme un jeu, ni être remplacée par l'exercice des écoliers avec des fusils de bois.

Si la nation doit aimer sa liberté et son indépendance; si elle doit tenir cher l'héritage qu'elle a reçu de braves ayeux, les exercices militaires de l'école contribueront sans doute, par leur action vivifiante, à fortifier le goût du peuple pour la vocation honorable du guerrier; mais l'on se trompe, si l'on attribue à cet exercice d'école, sur l'éducation militaire proprement dite, une influence tellement effective que le temps nécessaire à cette éducation puisse être diminué d'une manière notable.

On objecte à un long temps de service de recrue qu'il engloutit les deniers publics, qu'il enlève les bras nécessaires aux travaux agricoles, qu'il force l'artisan à abandonner son ouvrage. Rien n'est plus vrai. Mais pourquoi les dépenses indispensables à la défense du pays ne peuvent-elles pas se combiner avec son bien-être économique? Le fait est que l'on est mécontent si les armées ne se composent pas de masses d'hommes: chacun, dit-on, doit concourir à la défense de son pays, et par conséquent, il faut exercer tous les hommes en état de porter les armes. Que l'on ait donc des classes annuelles, qui, en temps de paix, seront soumises à des exercices plus ou moins complets, suivant les systèmes adoptés, et qui seront mobilisées à l'approche du danger!

Cette belle pensée, rigoureusement suivie, est impossible à exécuter dans la pratique; car l'armée exercée de la sorte une fois en campagne, il ne reste plus au foyer peut-être menacé et pour les travaux domestiques les plus indispensables, que les enfants, les infirmes, les vieillards et les femmes. Alors, pourquoi, pendant la paix, exercer plus de monde que ce dont j'ai immédiatement besoin au moment où la guerre éclate!

Les réserves et les dépôts pourront être appelés simultanément sous les armes, afin d'être exercés pendant que l'armée de ligne se présente sur le point menacé. Par ce moyen, les ressources du pays sont moins mises à contribution, on épargne ses forces pour le moment où la guerre éclate, et, en vérité, l'on en a bien besoin alors.

Malheureusement, cette thèse de l'exercice de toute la nation a encore un côté fâcheux. Ces dépenses considérables devenant insupportables à la longue, l'urgence de l'épargne ne se tourne pas contre la réduction du nombre des recrues: on se mettrait en opposition avec l'esprit du temps, le devoir de tous d'être exercés et d'entrer dans les rangs de l'armée; elle se tourne au contraire contre la longueur du temps d'exercice, car alors on ne fait infraction qu'aux exigences de la guerre, et ce péché est si facile à porter, quand on se berce de l'espérance vaine que la guerre est désormais impossible.

Les gens qui n'appartiennent pas au métier, ne remarquent pas, après une longue paix, tout ce qu'il y a d'erroné dans cette manière de voir.

Mais quand le danger sera à la porte, et qu'il s'agira pour nous d'être ou de ne pas être, alors on verra bien si les guerriers suédois sont tellement exercés, qu'ils puissent avec confiance tenir tête à l'ennemi et prétendre à la victoire.

La vieille Troie méconnut Cassandre, et Troie fut détruite. Tilly s'écriait sur les ruines fumantes de Magdebourg: »Quelques compagnies de vrais soldats de plus, et je ne serais pas ici.«

Mais aussitôt que les enseignements de l'histoire ne s'accordent pas avec les idées du temps, bien des personnes n'y voient que des phrases d'école vides de sens, qu'il est parfaitement inutile d'appliquer, quoiqu'il soit peut-être nécessaire de se les rappeler, si l'on veut passer pour un homme instruit.

Voilà ma manière de voir comme militaire; mais il faut savoir se subordonner à l'opinion générale de tout un pays. Quand donc on désire généralement le devoir absolu du service militaire, qui, sans nul doute, a plusieurs avantages politiques, un militaire ne doit pas s'y opposer, mais chercher, de son mieux, à y appliquer les vrais principes du métier, et à les mettre autant que possible en harmonie avec les exigences de l'esprit du jour.

I.

DE L'INFANTERIE EN GÉNÉRAL.

Les développements que je vais donner sur cette arme, partent tous de la supposition qu'un temps suffisant est affecté à l'instruction complète des cadres et de la troupe.

Afin d'éviter un travail trop exclusif dans une seule direction, le temps sera réparti de façon à amener la diversité des matières d'enseignement. Des marches, le maniement des armes, l'exercice de tirailleurs, la course, la gymnastique, alterneront sans cesse le uns avec les autres. Ordinairement, l'homme de recrue est encore dans l'âge de l'adolescence, et il est clair que cet âge exige la variation des exercices, pour qu'une surchage de travail n'amène pas l'indifférence et l'atonie morale.

L'homme de recrue ne commencera ses exercices de tir à la cible qu'après avoir atteint une certaine solidité dans son nouveau métier; on évite de la sorte de longs exercices préparatoires, et le sentiment de savoir et de pouvoir quelque chose, donne le calme et la confiance. Dès le premier jour de l'instruction, le moindre désordre sera immédiatement réprimé, de même que l'attention et le zèle devront être les objets de l'approbation des chefs. La propreté et le soin de l'arme ne seront jamais traités à la légère, car l'élégance et la bonne tenue augmentent le sentiment de la valeur personnelle, et de l'habitude de bien soigner son camarade de combat, son arme, naît l'amour de cette arme.

La discipline, ce contre-poids nécessaire du libre arbitre de l'homme, ne doit jamais être sentie pesante comme la chaîne de l'esclave; elle doit gouverner et conduire la raison; elle doit provoquer la force qui amène le guerrier à oublier les souffrances corporelles pour les exigences du devoir; elle doit, en un mot, ressembler à la voix sérieuse et ferme du père de famille dans l'éducation de ses enfants.

Il doit y avoir des punitions et des récompenses; mais les punitions, mesurées à la grandeur de la faute, ne seront jamais de nature à exercer une action écrasante, et les récompenses, toujours justes, ne doivent pas être décernées de façon à provoquer l'indiscipline.

A qui revient la charge de former et de diriger les recrues? A des officiers habiles et expérimentés.

Je n'entends pas par là des officiers versés dans les hautes sciences militaires, mais des officiers qui, après avoir eux-mêmes suivi une école de recrues, ont été nourris des vrais principes militaires, et qui sont arrivés à la pleine conscience de la nécessité de la discipline.

Ce serait une grande faute d'avoir dans l'infanterie certaines personnes exclusivement destinées à la formation des recrues, car elles deviennent facilement entachées de pédantisme, et toute leur science risque de n'être qu'une leçon règlementaire apprise par cœur. Tous les officiers de l'infanterie seront exercés de manière à pouvoir servir d'instructeurs, sous peine d'être incapables de bien conduire le soldat, surtout dès que celui-ci a subi son école de recrue.

Les officiers de tout grade chercheront à se procurer la supériorité que confèrent des connaissances profondes, la force morale et des sentiments élevés; c'est seulement de là que naît cette confiance réciproque entre les chefs et ceux qui obéissent, sans laquelle le maintien de l'ensemble est impossible à l'heure suprême. Celui qui commande, sait alors qu'il sera obéi, et celui qui obéit, sait qu'il fait son devoir.

Les officiers et la troupe doivent se sentir attirés l'un vers l'autre; s'il n'en est pas ainsi, la force de l'armée sera facilement brisée.

Connaître sa troupe, c'est savoir ce que l'on peut exiger d'elle et ce que l'on peut faire par son moyen. Cette connaissance est donc tout aussi indispensable à l'officier général qu'à l'officier placé au degré le plus bas de la hiérarchie militaire.

Les soins que les officiers donnent à la troupe pour son confort et pour son bien-être, exigent sans doute du temps et de la peine; mais ceux-ci trouvent une riche compensation de ces sacrifices dans l'amour dont le soldat paie les services et les soins dont il est l'objet. A l'heure du danger, quand le besoin et les privations suivent les traces du soldat, c'est alors qu'est éprouvée la force du lien d'amitié noué pendant la paix entre les supérieurs et leur subordonnés.

Officiers et soldats sont de la même poussière, relèvent de la même nature humaine, et ce n'est que par une intelligence supérieure et par de plus grandes connaissances dans le métier, que la suprématie exercée par les uns sur les autres, peut être comprise et trouve sa raison d'être. Les diverses organisations dont est susceptible l'infanterie, doivent, tout en satisfaisant aux besoins des temps actuels, remplir la condition de laisser autant que possible subsister intactes les bases principales de l'organisation en vigueur, surtout quand cette organisation, devenue nationale avec l'âge, est entrée dans les habitudes du peuple.

Une pensée commune paraît se faire valoir dans l'organisation des armées de tous les pays, c'est de chercher non-seulement à donner à l'infanterie des cadres suffisants, mais encore de faire entrer dans ses rangs des soldats d'un âge mûr et bien exercés, qui seuls peuvent donner de la solidité et du calme à la masse des soldats nouvellement approuvés, ou qui n'ont servi que peu de temps sous les drapeaux. En outre, il est évident que les exigences de la tactique nouvelle augmentent encore davantage la nécessité de la présence dans les rangs d'un certain nombre de soldats plus vieux et parfaitement exercés, à mesure que l'ordre profond cède toujours davantage la place à une ordonnance plus mince et plus étendue.

Pour ne pas être rompue, l'ordonnance mince devra être munie d'appuis ou de soutiens, de soldats qui, doués de connaissances supérieures et d'une habitude plus grande du service, soient à même de faciliter l'influence des chefs sur la troupe entière.

Le développement de l'individu doit être porté si haut, que chaque manoeuvre tactique qui se présente, puisse se faire avec l'exactitude requise; il est impossible de regarder comme parfaite l'organisation qui, par suite de l'impuissance de la troupe, force le chef à renoncer à une manoeuvre exigée par la marche de la bataille.

Dans les pays où l'infanterie est recrutée au moyen d'un système de conscription plus ou moins heureux, on rencontre partout les traces évidentes des efforts faits pour conserver au service des soldats plus vieux et bien exercés.

En France, on cherche à obtenir ce résultat au moyen de primes d'engagement accordées aux soldats, qui, dans le principe, appelés par le sort sous les drapeaux, se sont, pendant le temps de leur service, distingués par leur zèle et leur bonne conduite.

Si les officiers les jugent offrir les garanties suffisantes, et s'ils donnent eux-mêmes leur consentement, on les engage pour un temps plus ou moins long.

Les primes et les pensions des engagés sont prises sur les sommes versées par les citoyens appelés au service et désirant en être exonérés. Le montant de la finance d'exonération varie, mais il s'élève souvent de 2000 à 3000 francs. Il résulte de là que les classes aisées seules ont la faculté de s'exonérer du service militaire, et que l'individu moins favorisé de la fortune, qui se charge du fardeau de ce service, reçoit une compensation tant pendant la durée du service qu'à son expiration. Ces dispositions sur le droit d'exonération, qui jusqu'ici ont provoqué à un haut degré la solidité de l'armée française, ont été, il est vrai, modifiées par la nouvelle loi militaire promulguée l'année dernière; désormais, l'Etat ne se charge plus de procurer des remplaçants, et toute personne désirant se libérer du service militaire, est tenue de présenter elle-même à sa place un homme admissible; mais les conditions mises à l'approbation d'un remplaçant sont si rigoureuses et d'une portée telle, que, dans la plupart des cas, ce remplaçant doit être cherché parmi ceux qui, après avoir terminé leurs années de service, trouvent leur avantage à rester dans les rangs.

En Prusse, où le tirage au sort n'a pas lieu, toute la classe de l'année est appelée à faire le service de garnison pendant un certain temps, originairement fixé à 2 ans; mais l'expérience ayant montré, d'un côté, que ce temps ne suffisait pas pour former complètement le soldat de la ligne, de l'autre, qu'il était encore trop jeune pour être considéré comme tout à fait propre à la guerre, le service de garnison a été augmenté d'une année.

On considère donc en Prusse que trois années de service ininterrompu sont nécessaires pour tenir l'armée en parfait état de guerre, et ce service devrait, d'après la loi, atteindre tout homme capable de porter les armes. Pour plusieurs causes, cependant, ce mode sévère et onéreux de recrutement a été notablement modifié dans son application.

Tout individu qui, par exemple, ayant reçu une éducation scolaire supérieure, peut se nourrir et se vêtir à ses frais, est, au bout d'un an, libéré de tout service ultérieur de garnison; ces hommes libérés, ou, comme on les nomme, ces volontaires, doivent toutefois subir un examen de caporal ou de sous-officier, après quoi ils sont transportés dans la landvehr, qui n'est rassemblée que pour un temps d'exercice relativement court, et où ils parviennent ordinairement au grade de sous-officier ou d'officier.

Si la faculté de pouvoir se racheter à prix d'argent du devoir civique de s'exercer pour la défense de la patrie, est déjà en opposition avec le principe d'égalité proclamé par l'esprit du siècle, il paraît exister une injustice encore plus grande dans le privilége reconnu à l'éducation et à la fortune, celui qui jouit de ces avantages pouvant être appelé à un commandement après une seule année de service militaire, au lieu des trois années établies comme la règle.

Ou la durée de 3 ans assignée au service est trop longue, ou les exigences de capacité pour les officiers de la landvehr ne doivent pas être singulièrement grandes, quand un cours d'une année est considéré suffire pour former ces officiers.

Outre l'armée de ligne (la force servant 3 ans en garnison), la Prusse possède une réserve composée des classes immédiatement antérieures, et que l'on réunit chaque année pour des exercices communs avec la ligne, dans les classes de laquelle on les incorpore.

En Suède, nous recevons principalement nos soldats plus âgés, la *souche* (stam) ou les cadres-soldats, de notre armée dite *indelta*.

Cette institution, qui compte deux siècles d'existence, a toujours fourni des soldats vaillants à la guerre, disciplinés et moraux pendant la paix; elle est particulière à notre pays, éprouvée et approuvée, admirée même des hommes du métier étrangers qui en ont pris connaissance.

Si c'est un vice inhérent à la conscription ou au système de milice, que le jeune soldat entre généralement contre son gré au service et en voit arriver la fin avec joie, c'est tout autre chose dans l'armée indelta, car le soldat y entre librement, et sacrifie avec joie ses meilleures années à un métier qu'il a choisi lui-même.

La défense nationale exigeant de nos jours de plus grandes armées qu'il y a 200 ans, la Suède doit sans doute chercher à se procurer des hommes pour augmenter l'effectif de l'armée indelta, et cela se fait en appelant la landvehr dans les rangs.

L'exercice de plusieurs années, si onéreux pour les citoyens d'un pays où l'armée entière ne se compose que de milices, peut être, chez nous, considérablement réduit pour le soldat de la landvehr, précisément par le fait de son incorporation dans un cadre permanent de soldats (stam), qui, par suite de sa solidité, a le pouvoir de s'assimiler une proportion considérable de jeunes soldats déjà formés en partie par des exercices préparatoires.

En entrant dans les rangs de l'indelta, le jeune soldat de la landvehr trouve un appui et un instituteur dans le soldat de cette armée permanente, sérieux, habitué à son métier, et qui, dans les camps et pendant des concentrations de troupes plus ou moins grandes, a reçu, autant que cela se peut faire en temps de paix, l'habitude de la vie militaire active. De bons conseils et un bon exemple ne sont pas à dédaigner, surtout quand il s'agit des privations du bivouac et de la marche.

Toute modification de la défense d'un pays exige une longue période de transition avant d'être accomplie, ou, l'étant, avant de recevoir la stabilité nécessaire. Si donc un pays veut se créer promptement une armée vraiment bonne et présentant un effectif basé sur les exigences de l'époque, il lui faut améliorer et non renverser ce qu'il possède.

Que dirait-on du propriétaire qui, trouvant trop sombres les chambres de sa maison parfaitement bonne à tous les autres égards, démolirait l'édifice entier pour en élever un autre ne se distinguant de l'ancien que par des fenêtres plus nombreuses et plus grandes?

Ce que l'époque présente demande principalement d'une armée, c'est que l'habileté individuelle y soit plus grande qu'auparavant: on exige désormais de chaque soldat la pensée et l'action. Amenons la solution de cette donnée, en conférant à ce que nous avons tout le développement possible. La réorganisation qui en serait le résultat, n'exigerait pas un temps bien long, et nous n'aurions pas à craindre de nous trouver sans défense pendant un certain espace de temps, ce qui arriverait à coup sûr si l'on démolissait toute la vieille institution.

Il serait difficile d'établir une règle générale pour l'âge le plus convenable de l'entrée du fantassin au service, vu que dans tel pays l'adolescent devient plus tôt homme que dans un autre; mais un fait absolu, c'est que l'on ne doit recevoir pour soldat aucun individu dont le développement physique ne lui permet pas de supporter les fatigues de la marche et le poids de son bagage.

Dans les pays dont toute la défense nationale est exclusivement basée sur la milice, le temps d'exercice des miliciens doit nécessairement, par suite du service ininterrompu de plusieurs années inhérent à ce système, avoir lieu à un âge où le soldat, qui n'est pas encore devenu homme, est encore libre de devoirs et de charges de famille dont l'interruption peut amener la ruine d'autres personnes. Les inconvénients de ce système ne sont pas petits, l'expérience ayant démontré que, dans la plupart des cas, le jeune homme de 18 à 19 ans n'est pas mûr pour les fatigues de l'école du soldat; et l'on doit admettre qu'à la règle, les deux classes les plus jeunes d'une armée de milice ne peuvent pas être comptées parmi l'effectif de guerre proprement dit.

On doit moins craindre à l'égard de la solidité du vieux fantassin que pour celle du jeune; déjà dans les exercices en temps de paix, avec leurs fatigues peu dignes d'être mentionnées, on peut constater que le jeune soldat est moins mobile et moins tenace que le vieux, quand on entend par le mot de mobilité des marches soutenues pendant des privations de toute sorte, et non pas seulement une course de courte durée ou un mouvement acrobatique.

Aussi longtemps que la vieille maxime bien connue: »la force du soldat est dans ses jambes», continuera à avoir sa valeur, j'oserai dire aussi, sous forme d'axiome, que, dans notre pays, le soldat de l'indelta âgé de 40 ans, est plus vigoureux et plus solide que la plupart des jeunes gens de 20 ans.

Il résulte de ce qui vient d'être dit, qu'en cas de guerre, nous devons chercher à incorporer dans les cadres-soldats (stam) de l'armée permanente, les classes de landvehr les plus âgées, qui seules ont la force de résister aux épreuves d'une campagne.

Le pays doué d'une organisation militaire gardant le soldat permanent au service pendant un temps d'une certaine longueur, ne doit pas la rejeter, mais plutôt s'efforcer de la consolider en donnant à cette troupe-cadre toute la perfection dont elle est susceptible, de sorte que quand la jeunesse du pays, quand les citoyens tirés de leurs foyers et de leurs paisibles occupations, devront être incorporés dans ses rangs, elle puisse les animer et les exciter à de mâles travaux.

Les dépôts sont formés des plus jeunes soldats, qui voient, avec chaque mois, leurs forces physiques se développer, et l'exercice les rendre toujours plus capables de prendre place parmi les combattants. La jeunesse vive, facilement impressionnable, saura bientôt s'assimiler l'expérience gagnée dans le cours de la campagne par des camarades plus âgés.

Avant de terminer ces considérations sur l'âge du fantassin, je dois ajouter que c'est un avantage réel que d'avoir dans les rangs des hommes de différents âges; car les différentes manières dont l'infanterie est actuellement employée et les exigences diverses simultanées que l'on a sur une seule et même troupe: une réflexion calme, une force offensive poussée jusqu'à la témérité, la faculté de se mouvoir dans l'ordre profond et dans l'ordre épars, la précision du tir, l'habileté dans l'escrime, etc., montrent clairement que l'on ne peut s'attendre à rencontrer ces qualités dans un nombre restreint de classes annuelles.

L'enthousiasme facilement enflammé de l'adolescent est utile à l'infanterie dans les manoeuvres sur un terrain d'accès difficile ou au moment de la charge à la baïonnette. Non moins nécessaire à la troupe est un esprit d'une gaieté imperturbable dans toutes les circonstances, prenant le monde comme il est et les jours comme ils arrivent, égayant le bivouac de ses plaisanteries ou allégeant de ses chansons les fatigues de la marche.

Prenons, par contre, le fantassin parvenu à toute
la force de l'âge viril, nous reconnaîtrons que sa
présence dans les rangs, à côté du jeune homme
décrit ci-dessus, est tout aussi utile, tout aussi nécessaire. Un plus long temps de service l'a fa-
miliarisé avec ses chefs et lui a appris à les aimer;
il comprend les devoirs de la discipline, et sait ce
que peuvent un amour ardent du drapeau et de l'honneur du régiment. S'il ne court pas à l'attaque avec
la fougue du jeune homme, il sait y résister, quand
il la reçoit, comme le roc brave la vague qui le
menace, et peut-être, plus d'une fois, sera-t-il appelé à encourager et à retremper par son calme et
son empire sur lui-même, le jeune homme naguère
si téméraire et maintenant hésitant face à face avec
le danger.

Quand il s'agit de marcher au-devant des projectiles ennemis, combien ne doivent pas se sentir
tranquilles les chefs comptant dans leurs rangs des
soldats parvenus à un âge plus mûr, et qui, dès
que l'ordre suprême »en avant», aura été prononcé,
n'hésiteront pas à remplir leur devoir! En dernier
lieu, comment parvenir à la précision du tir avec
une jeune troupe, quand un oeil calme et sûr, un
bras ferme et solide sont des conditions indispensables de cette précision!

Quelques mots, maintenant, sur les *cadres* proprement dits ou sur les officiers et les sous-officiers de l'armée.

Tant que l'on a fait usage des colonnes profondes dans la formation de pied ferme comme dans les manoeuvres, un petit nombre d'officiers bien exercés pouvaient maintenir et diriger ces masses serrées; mais les améliorations apportées dans les armes à feu et dans la rapidité du tir, exigent désormais une formation plus étendue et le fractionnement du bataillon en petites subdivisions; ainsi la même force exige maintenant un plus grand nombre d'officiers que jadis.

On croit, il est vrai, pouvoir éviter l'augmentation du nombre des officiers, en travaillant davantage à l'instruction des sous-officiers. Aucun sacrifice ne peut être jugé trop grand pour donner des connaissances théoriques et pratiques à tous les individus composant l'armée: on ne peut jamais avoir assez de connaissances. Mais l'expérience a prouvé qu'il ne faut pas s'attendre à trouver, chez les sous-officiers en général, la même intelligence et le même jugement que chez les officiers, et quelle responsabilité n'assume pas celui qui, chargé de la conduite d'un corps de troupes plus ou moins grand, aventure, par manque de présence d'esprit ou par impéritie, la destruction de ce corps qu'une direction plus habile aurait pu sauver!

A l'égard du nombre des officiers du régiment, on ne le doit pas supputer seulement d'après le nombre nécessaire à chaque compagnie dans les manoeuvres du bataillon; car, dès que l'on rompt le bataillon et que les compagnies agissent séparément, l'on ne peut compter sur le chef de compagnie comme conducteur d'un peloton, et sa place en cette qualité devra être prise par un officier de remplacement. Cela s'applique principalement aux armées suédoise et prussienne, le bataillon comptant 12 pelotons dans la première, et, dans la seconde, le 3ème rang faisant le service de tirailleurs.

Dans la dernière guerre d'Allemagne, les Prussiens divisèrent avec beaucóup d'avantage leurs bataillons en deux; chaque demi-bataillon formé de la sorte manoeuvrait comme un bataillon complet.

La raison de cette mesure était que le bataillon, fort d'environ 800 baïonnettes, était jugé trop grand pour être conduit par *un seul* homme; la division ne fut rendue possible que par le nombre considérable d'officiers que possédait chaque bataillon de l'armée prussienne.

Si l'on évalue la force du bataillon à 600 ou 700 hommes, le plus grand nombre que permette la manoeuvre dans l'ordre compact, son commandement exige, outre le chef et son aide-de-camp, 6 capitaines, 6 lieutenants de première classe, 6 lieutenants de seconde classe et 6 sous-lieutenants, y compris toutefois les cadres de 2 compagnies de dépôt.

L'Angleterre et la Russie sont à l'heure actuelle les états possédant les plus grands cadres d'officiers en comparaison de l'effectif numérique.

Quoique les attaques à la baïonnette, exécutées jadis à de longues distances, deviennent probablement toujours plus rares, elles ne cesseront pas entièrement pour cela, si même toutes les armées recevaient des fusils à tir accéléré, car le feu ne peut seul décider le combat. Il faudra, pendant le feu, s'approcher de son adversaire par des manoeuvres, pour essayer ensuite de le culbuter à la baïonnette. Dans ces combats, ce sera toujours l'officier qui, se dévouant lui-même, devra montrer à ses soldats le chemin qui conduit aux poitrines ennemies.

Les officiers placés à la tête des troupes, sont, infiniment plus que jadis, exposés aux balles si meurtrières des carabiniers, qui ont reçu la mission de diriger exclusivement leurs coups sur les chefs, et qui se livrent à leur égard à une tuerie pour ainsi dire systématique.

L'histoire des dernières guerres a fourni la preuve la plus patente de ce fait par les grandes pertes d'officiers que l'on a pu constater; cela seul devrait suffire à faire sentir la nécessité de chercher à se procurer, déjà pendant la paix, une quantité plus grande d'officiers pour la troupe permanente.

En connexion avec ce que je viens de dire sur le nombre des officiers, je vais énoncer quelques maximes à leur adresse. Si même quelques-unes de ces maximes sont déjà connues et appliquées dans la pratique, elles ne peuvent être répétées assez souvent; la nécessité de l'action des officiers sur les circonstances multiples attachées au maniement des

troupes, et la vérité du fait que la valeur pratique
du soldat dépend de celle de l'officier, sont des
choses qui ne pourront jamais être rappelées assez
sérieusement à celui-ci.

1:o Des Marches.

Il est d'une grande importance que dans les
marches, l'on ne permette pas au soldat de les exécuter
à sa fantaisie. Quoique je sois loin de vouloir assu-
jettir le soldat à la raideur et à la gêne, principalement dans de longues marches, l'ordre doit toutefois toujours être conservé. Pour cette cause, les
chefs devront, ici comme toujours, se garder d'ob-
servations minutieuses et pédantesques, mais veiller
à ce que les distances entre les files soient autant que
possible conservées; dans le cas opposé, la colonne
de marche prend un allongement de nature à amener de graves inconvénients, quand plusieurs bataillons se meuvent à la suite l'un de l'autre. Dans
ces circonstances, il n'est pas bien que les officiers
de compagnie quittent leur troupe, soit pour con-
verser ensemble ou pour chercher à éviter la poussière et autres inconvénients; la troupe s'habitue
à son tour à quitter les files, ce qui produit du
désordre.

Le chef de bataillon doit surveiller la marche de
la colonne et l'ordre qui y règne, afin de juger si
la vitesse est convenable, et si le soldat peut suivre

sans trop se fatiguer; il n'aura donc pas de place règlementairement déterminée pendant la marche. Dans les circonstances ordinaires, il ne commandera pas des haltes trop fréquentes, surtout si la troupe est rompue aux marches, car ces haltes, qui ne durent à l'ordinaire que quelques minutes, reposent peu le soldat.

Le pendule qui marche dès que l'horloge est remontée, et, à son insu, mais en cadence, pousse l'aiguille en avant, est une fort bonne image d'une marche bien exécutée, parce que l'égalité du pas et la régularité de la mesure accélèrent la marche, et que des distances assez grandes sont parcourues sans difficulté; en quelques mots, marcher devient une habitude.

Une distance suffisamment grande (5 kilomètres au moins) ayant été parcourue, on peut accorder un repos un peu plus long, surtout dans les lieux où la nature offre de l'eau et de l'ombre. Des chefs prévoyants auront d'avance choisi ces endroits propres à la halte.

La troupe paraît-elle vigoureuse et bien disposée, la saison et la température sont-elles favorables, les chefs constateront de la manière la plus sûre, dans leur conversation avec elle, si elle est en état de continuer la marche sans de longues haltes; dans le cas opposé, et si l'on doit nécessairement s'efforcer d'atteindre un but donné, le chef seul aura à décider de l'opportunité d'accorder une halte.

Quand une marche accélérée est nécessaire, il est naturel que l'on doit fermer l'oeil sur les intervalles qui peuvent se former et sur une observation fautive des distances.

A l'effet de parer à ces inconvénients et dans le but d'alléger la marche, on donnera »de l'air» à la colonne, c'est-à-dire qu'on laissera un plus grand espace entre certaines sections; les inégalités du terrain, la poussière, la chaleur, etc., si gênantes pour le soldat, se remarquent moins alors, et comme l'on n'a pas besoin de manoeuvres dans une marche en avant bien gardée, ces distances ont peu d'importance.

La largeur du chemin le permet-elle, la marche en colonne par sections à rangs ouverts est la meilleure de toutes, cependant toujours à la condition qu'elle n'ait pas lieu dans le voisinage de l'ennemi; dans ce dernier cas, il est nécessaire d'y faire entrer comme facteur la nécessité d'une manoeuvre rapide, et alors la force sera formée en colonne par files, sur 4 rangs.

Règle générale: Dans la marche de l'infanterie, l'on évitera toute formation de nature à provoquer la presse, même si elle ne se faisait sentir que dans les subdivisions de la compagnie; les marches de flanc seront toujours exécutées par files, ce qui se fera immédiatement après un à droite ou un à gauche, sans commandement.

Les armées possédant déjà le mode de formation: »par le flanc avec-files sur 4 rangs», n'ont donc rien de nouveau à apprendre à cet égard.

2:o Du Bivouac et du Service de sûreté et d'avant-postes.

Le devoir des chefs est, dans les marches, de reconnaître scrupuleusement d'avance les bivouacs convenables, pour que le soldat, après une marche pénible, ne soit pas inutilement fatigué par l'attente; il est toujours décourageant de manquer, même pour un temps très-court, d'un repos bien mérité, surtout quand on est arrivé au but de la marche. Il en est de même quand il s'agit d'occuper des positions; dans ce cas, ce sera le devoir de l'officier d'état-major ou de tout autre officier délégué à cet effet, de reconnaître à temps la position, pour que la troupe puisse prendre dès son arrivée la place qui lui a été assignée. On évite de la sorte le désordre, la perte de temps, et par-dessus tout l'incertitude et les tâtonnements qui peuvent si facilement nuire à la confiance du soldat envers ses chefs.

Dans le service d'avant-postes, les chefs avertiront le soldat d'être attentif, surtout avant la pointe du jour, et ils prêcheront eux-mêmes d'exemple; souvent à cette heure matinale, l'ennemi fait ses préparatifs pour l'attaque, si même il ne l'exécute, et l'on ne doit jamais oublier qu'une nuit passée au bivouac ne donne pas un repos complet; aussi chacun cherche-t-il à s'y livrer vers le matin.

En général, on verra le soldat accepter avec joie les peines et les privations du métier, s'il trouve que ses chefs les partagent avec lui, et cela doit engager l'officier à donner toujours et partout à sa troupe l'exemple de la ténacité et du dévouement.

3:0 Du Feu.

Les officiers chercheront à prévenir de tout leur pouvoir le gaspillage de munitions auquel provoque si facilement l'emploi des fusils à tir rapide, et l'on ne peut faire assez attention à cette circonstance, afin que le soldat ne se trouve pas sans munitions au moment décisif.

Aux longues distances, l'on ne tirera que peu de coups; un feu vif et nourri ne se fera qu'à courte portée, et même alors seulement après le commandement ou le signal; car l'on n'oubliera jamais que l'on doit avoir la troupe tellement sous sa main, qu'elle puisse immédiatement passer du coup de feu à l'attaque à la baïonnette.

Si le bataillon entier est rassemblé, et que le commandant désire un feu plus ou moins nourri, il pourra avoir lieu par compagnie, et l'on évitera de la sorte le feu de file (feu de deux rangs), qui conduit facilement au désordre et au gaspillage.

Un feu de file rapide et de longue durée échauffe le soldat, et cela en raison directe de sa jeunesse; il ne peut donc avoir lieu qu'aux dépens de l'ordre et de la précision du tir. Le feu de file rapide ne sera donc exécuté qu'après l'ordre spécial de l'officier.

4:o De l'Attaque et de la Défense.

Dans la défense d'une position, plutôt que d'attendre l'ennemi et de le recevoir dans la position même, il vaut mieux, si la nature du terrain n'y porte pas obstacle, après lui avoir fait souffrir les désastres d'un feu destructeur, marcher à sa rencontre et l'attaquer à la baïonnette au moment même où il fournit sa charge. Le plus souvent, les derniers coups ont été tirés dans un état moral qui ne permet pas le calme et un feu sûr, et le mouvement offensif, d'un autre côté, encourage et fortifie la troupe, tandis qu'il abat la confiance de l'adversaire et lui enlève la prépondérance morale que lui avait donnée l'initiative de l'attaque.

L'officier ne devra jamais négliger le choix d'un terrain propre à protéger la troupe; plus le feu de l'ennemi décime ses rangs, plus l'attaquant doit chercher à profiter des avantages que lui offre le terrain, afin d'atteindre avec le moins de pertes possible le point où la lutte doit être décidée.

Prudence, jugement sain, perception rapide, telles sont les qualités sur lesquelles l'officier doit appuyer sa manière d'agir dans les cas de ce genre; il est bien facile que les ordres n'arrivent pas, et en outre, ils ne peuvent pas toujours être expédiés avec une due considération de toutes les difficultés que l'on rencontre.

S'agit-il de s'emparer d'une position, l'assaillant s'efforcera d'atteindre par une manoeuvre en échelons l'une des ailes de l'ennemi, pour échapper de la sorte à ses feux directs. Quand les bataillons ou les régiments sont forcés de se diviser pour attaquer, les chefs, après avoir indiqué à leurs subordonnés immédiats la manière dont le mouvement doit s'opérer et le but de ce mouvement, laisseront agir ces derniers chacun en pleine indépendance et sous sa propre responsabilité, se contentant de surveiller l'ensemble.

Lors même que l'attaque n'est fournie que par *un seul* bataillon, jamais l'on ne devra se passer d'une réserve, qui sera placée dans ce cas sous la main immédiate du chef; que chaque chef se rappelle bien cette règle, et que la force de la réserve soit toujours en proportion de l'effectif de la troupe destinée à fournir l'attaque.

Si des projectiles viennent s'abattre au milieu d'un corps de troupes, le chef, dès que les circonstances le permettent, doit essayer de se soustraire à l'effet du feu par un mouvement rapide en avant; dans ce mouvement, le soldat cherchera toujours à s'effacer

autant que possible en se glissant le long du terrain et en dissimulant bien son fusil, car ses efforts
seront sans cela facilement rendus inutiles par un
officier d'artillerie vigilant.

L'application de ce précepte concerne principalement les cas où un corps de troupes a pris position
sur un terrain ouvert ou sur une pente dérobée au
feu de l'artillerie ennemie.

II.

DES DIFFÉRENTES ESPÈCES D'INFANTERIE.

Des opinions très-divergentes se sont fait valoir sur le mode le plus convenable de répartition de l'infanterie par rapport à l'habileté spéciale que l'on exige du soldat dans les divers emplois de cette arme; mais les qualités communes à tous, qu'on les nomme fantassins de la ligne, grenadiers, voltigeurs ou chasseurs, seront toujours la souplesse du corps, la mobilité, la dextérité dans l'escrime et la précision du tir.

La discussion paraît, pour cette cause, se tourner sur la question de déterminer le mode d'instruction amenant les plus grands avantages. Toutes les qualités signalées ci-dessus, doivent-elles appartenir à chaque fantassin au plus haut degré possible, de sorte qu'il soit rompu à tous les genres de combat? Dans ce cas, le chef peut avec plus de confiance marcher à la rencontre de son adversaire, de quelque manière qu'il soit armé, car il sait que chaque file est plus ou moins employable dans le combat qui se prépare. — Ou bien encore, certaines parties de l'armée doivent-elles être instruites, chacune séparément, dans une direction fixe et nettement déterminée, par le moyen de laquelle les aptitudes différentes de l'individu peuvent être portées encore plus haut? Ainsi, p. ex., le soldat de la ligne serait mieux exercé dans l'ordre compact que le chasseur, supérieur à son tour au précédent par la précision de son feu et sa mobilité pour le service de tirailleurs. Pour ce qui concerne la précision du tir, toutes les opinions paraissent s'accorder sur ce point, que les soldats convenables au service de carabiniers, doivent être sortis de la masse et exercés spécialement au tir, sans pourtant négliger les autres exercices.

Je partage, pour mon compte, cette dernière manière de voir, vu que les deux premières tombent indubitablement dans des exagérations, l'une exigeant trop du soldat et l'autre trop peu; la première demandant de tous la perfection en tout, la seconde, une éducation spéciale qui ne rend le soldat employable que dans une espèce de service. Ainsi, tout en étant formé pour le combat dans l'ordonnance compacte, tout en apprenant à bien se servir de son arme, tant au coup de feu qu'à l'escrime, le fantassin sera toujours bien exercé dans le service de sûreté et d'avant-postes et dans le combat de tirailleurs, car ces exercices combattent le pédantisme et aiguisent la perspicacité du soldat.

Chaque régiment d'infanterie sera organisé de telle sorte, qu'abandonné à lui-même, il ne soit pas, dans les péripéties de la guerre, la victime de son impuissance à remplir les attributions diverses appartenant à l'arme de l'infanterie. Il faudra donc conserver à cet effet dans le bataillon, tant les divisions de tirailleurs que les carabiniers des compagnies.

Dans l'organisation de leurs forces militaires, la plupart des états ont cherché de diverses manières à parer aux difficultés qui viennent d'être signalées. Chez nous, cela se fait en affectant le tiers de la compagnie au service de tirailleurs, et en développant spécialement l'habileté de tir chez quelques individus de chaque compagnie, lesquels, pour cette cause, prennent le nom de carabiniers; en Prusse et en Russie, le troisième rang est principalement exercé au combat de tirailleurs.

Selon moi, chaque armée doit posséder dans son sein une pépinière, une troupe d'élite, chez laquelle l'habileté du métier est poussée aux dernières limites du possible, une troupe en état de servir d'exemple au reste de l'armée, et pouvant être employée pendant le combat, soit dans les circonstances où il s'agit de résoudre une donnée spéciale, soit lorsque une victoire décisive peut être gagnée en portant à l'adversaire un coup vigoureux et bien dirigé, sans que l'on soit forcé pour cela d'employer certaines parties du bataillon de ligne.

L'effectif de cette troupe sera naturellement peu considérable en comparaison du reste de l'infanterie, vu que, dans une armée, il est difficile, au-dessus d'une certaine proportion de son effectif, de trouver des sujets répondant au but désiré. On cherchera donc à se procurer et à former des corps spéciaux de chasseurs, ou, en un mot, des corps auxquels on puisse demander une dextérité de tir portée à un haut degré.

En me fondant sur ce qu'il vient d'être dit de l'infanterie, je la regarde comme devant se composer des *trois* catégories suivantes:

a. *L'infanterie de ligne,* dont la mission principale sera de manoeuvrer dans l'ordonnance compacte et de combattre de près, sans toutefois manquer d'exercice dans le service de tirailleurs.

b. *Les bataillons de chasseurs,* devant être principalement exercés au combat dans l'ordre épars; ils posséderont une plus grande habileté de tir que l'infanterie de ligne, tout en sachant aussi manoeuvrer dans l'ordre compact.

c. *Les carabiniers,* qui, soit organisés en corps, soit répartis par petites quantités dans les bataillons

de ligne et de chasseurs, auront une habileté de tir
les mettant en état de satisfaire aux exigences les plus
sévères de l'époque actuelle à cet égard.

Je vais maintenant essayer de développer l'organisation et la mission spéciales de chacune de ces
trois espèces d'infanterie.

III.

DE L'INFANTERIE DE LIGNE.

Cette infanterie forme, pour ainsi dire, la base sur laquelle est élevé l'édifice de l'armée; elle est la plus forte en effectif et l'on considère, non sans raison, que son plus ou moins grand degré de perfection donne la mesure de la bonté et de la solidité de l'armée même.

Si même l'artillerie et la cavalerie peuvent être considérées comme indispensables à une armée, la première engageant et appuyant le combat, la seconde complétant la destruction après le succès, ce seront cependant toujours les rangs profonds s'avançant avec un calme impassible, qui, dans la main d'un habile capitaine, feront mûrir ses plans et décideront la victoire.

Le fantassin de la ligne n'a pas besoin d'être en possession de cette bravoure fougueuse qui excite le cavalier à une action rapide comme l'éclair; mais il lui faut cette volonté de fer qui brave tous les obstacles, et qui, pareille à l'avalanche, marche au but en écrasant tout ce qu'elle rencontre sur son chemin.

Il serait ridicule de croire que les qualités dont il est ici question, puissent être données au fantassin sans une instruction sérieuse et un temps d'apprentissage plus long que celui concédé jusqu'ici.

Je ne crois pas qu'il puisse être établi de règle générale pour la longueur de ce temps; elle dépend principalement de l'organisation de l'armée, de la méthode d'instruction, du goût plus ou moins prononcé de l'individu pour le métier, toutes circonstances variant notablement de pays à pays; une chose, toutefois, est certaine, c'est qu'une longue école de recrue est préférable à une école de plus ou moins courte durée.

1:o De l'Ecole des Recrues.

Un plan déterminé d'instruction doit avoir été arrêté d'avance, pour être, aussi longtemps que les circonstances le permettent, scrupuleusement suivi dès le premier jour de l'école; l'instruction sera donnée simultanément dans plusieurs matières, afin que l'homme de recrue ne se fatigue pas par l'étude longtemps continuée du même exercice. Si le jeune soldat sent lui-même que chaque jour, chaque semaine qui passe, augmente son habileté dans les diverses branches du métier, cela fortifie chez lui le goût du travail et empêche le découragement.

Atteindre à un degré supérieur de perfection seulement dans l'une ou dans l'autre des nombreuses matières qui entrent dans l'instruction du soldat, est infaisable, parce que ces matières sont intimement liées l'une à l'autre, et qu'elles doivent être pour cette cause apprises simultanément afin de pouvoir être bien comprises par le soldat. En outre, l'expérience montre que celui qui a acquis une parfaite habileté dans une branche quelconque, ne se remet pas sans répugnance sur les bancs de l'école, pour commencer l'étude des premiers rudiments d'une autre matière.

La variation de l'instruction, que les matières soient théoriques ou pratiques, allége le travail et permet à l'élève de digérer ce qu'il a appris.

Je ne partage pas l'opinion envisageant comme inutile l'exactitude (certains l'appellent pédantisme) de l'instruction sur la tenue du corps, sur les mouvements et le maniement de l'arme; je crois, au contraire, qu'à moins d'être sévère à cet égard, l'on ne pourra inculquer au jeune soldat ni l'obéissance, ni l'attention, ces vertus cardinales du guerrier. Cette instruction doit entrer comme un élément essentiel dans l'éducation du soldat, mais l'on n'y attachera pourtant pas un telle importance que l'on mette de côté d'autres connaissances utiles. Le danger d'une éducation trop exclusive disparaît, si l'instruction dans la gymnastique, l'escrime, la marche, les manoeuvres de tirailleurs, a lieu de front avec l'étude du maniement de l'arme, car cet exercice, je le reconnais, doit toujours paraître ennuyeux au soldat.

Désormais, l'on n'exigera pas de l'homme de recrue une capacité supérieure à celle du maniement parfait de son arme et de la simultanéité de ses mouvements avec ceux du reste de la troupe. L'exercice dit de parade sera totalement supprimé. Les exercices dans le maniement de l'arme, la marche, la gymnastique, l'escrime à la baïonnette, etc., ayant été parcourus, on passera au tir à la cible, qui toutefois sera précédé d'une instruction détaillée sur la visée et la mise en joue; sans cet exercice préalable, le tir même sera de peu d'utilité.

Le tir à la cible commencera par de courtes distances pour être ensuite étendu à de plus longues, au fur et à mesure de l'habileté acquise par le soldat; toutefois, le but ne sera jamais assez éloigné du tireur pour se trouver en dehors de la portée du but en blanc.

Dès que l'on aura enseigné à l'homme de recrue les bases du combat à la baïonnette, et qu'il saura exécuter avec aplomb les parades et les pointes, on commencera l'escrime proprement dite sans commandement, mais sous une surveillance convenable, car cet exercice donne au jeune soldat les vraies notions de cet art, exerce l'oeil, et amène la promptitude des mouvements.

On ne peut apporter une attention assez grande
à l'instruction sur l'emploi du terrain pour se protéger dans le combat de tirailleurs; avec le feu
rapide de notre époque, le succès dépendra en très-
grande partie de l'habileté de la troupe à se servir
avec sagacité des avantages offerts par la nature du
terrain. La manière la plus facile de donner cette
instruction, c'est de faire marcher chaîne contre
chaîne; quand on commande la halte, les chefs essaie-
ront de faire comprendre à chaque homme indivi-
duellement, les avantages ou les inconvénients de la
position qu'il a prise, et chaque homme désignera
ensuite sur le terrain une ou plusieurs positions propres à remplir les exigences d'une bonne protection.

C'est par ce moyen seul qu'il est possible de fa-
miliariser le soldat futur avec le combat de tirailleurs, et quoique, comme beaucoup d'autres choses
dans le métier de la guerre, ce combat paraisse à
première vue facile à apprendre, l'expérience montre
toutefois que l'instruction est achetée au prix de
trop grands sacrifices, si l'on attend, pour se la procurer, le moment où le plomb ennemi vient frapper
la poitrine du soldat, au lieu d'atteindre la touffe
de gazon, le tronc ou la pente qui se trouve à son
côté. — Que l'on ne cherche jamais la rectitude de
l'alignement; toute instruction dans l'ordonnance
éparse sera sans résultats, si l'homme de recrue n'apprend dès l'abord à faire une distinction entre l'a-
lignement nécessaire à une troupe dans l'ordre com-

pact, et l'alignement ou plutôt l'ensemble qu'il faut garder dans la chaîne. L'alignement en chaîne n'a lieu que pour que les files, restant en vue de leurs camarades de flancs, puissent observer et suivre la direction principale de la chaîne. Si l'homme de recrue a bien sàisi les principes fondamentaux du combat de tirailleurs, il comprendra aussi quelles exigences plus grandes ce combat a sur sa manière d'agir et sur son jugement, que le combat dans l'ordre compact, où il ne constitue qu'une fraction de file du rang.

L'on mettra, dès le premier jour de l'exercice, *l'Ecole du soldat* dans les mains de l'homme de recrue, afin qu'il sache *ce* que l'on exige de lui, et *pourquoi* on l'exige.

Dès qu'une manoeuvre de compagnie aura été exécutée, les chefs en donneront l'explication au soldat; on lui dira, p. ex., pour quelle raison les colonnes d'attaque doivent avoir une certaine profondeur, pourquoi dans les feux on choisit un ordre étendu, pourquoi l'on emploie la colonne par files dans le passage des défilés, etc. Tout cela force le soldat à penser et à réfléchir, et l'on combat de la sorte le manque de réflexion qui, sans cela, s'empare si facilement de lui dans les manoeuvres de l'ordre compact.

Vers la fin du temps d'exercice, on fera une marche de 3 à 4 jours avec bivouacs, afin que l'homme de recrue puisse y apprendre d'une manière pratique les soins à donner à son corps et à son équipement.

2:o De l'Habillement et de l'Equipement.

L'habillement et l'équipement du fantassin de la ligne seront aussi simples que possible, en ayant principalement égard à la mobilité du soldat; la tunique courte (de préférence à double revers) constitue un vêtement convenable.

Au point de vue de l'économie, on trouvera plus d'avantage à ne pas avoir le pantalon et la tunique de la même couleur, car le pantalon s'use plus promptement, et il peut être parfois difficile de s'en procurer un autre d'une couleur identique à celle de la tunique. — La coiffure sera légère; elle ne sera pas destinée, comme jadis, à résister aux coups de sabre, mais bien à protéger la tête contre le soleil et les intempéries; elle devra ensuite peser le moins possible sur la tête. La capotte sera spacieuse, mais on la réduira plus ou moins dans sa largeur aux dimensions d'un par-dessus ordinaire; les extrémités des pans devront pouvoir se relever, pour ne pas gêner le mouvement des jambes.

La faculté du soldat à supporter des marches fatigantes, dépend à un haut degré de la condition de deux objets importants, le sac et la chaussure.

On ne peut apporter assez d'attention à ces deux
objets, tant au point de vue de leur forme qu'à celui de leur confection.

Quelque forme que l'on donne au sac, il sera toujours pesant pour le soldat, surtout si celui-ci n'y
est pas accoutumé; mais il en supportera plus facilement le poids, s'il est réparti de façon que le sac
pèse de haut en bas, c'est-à-dire verticalement, et
non, par suite d'une charge trop forte, en arrière,
dans une autre direction. On veillera en outre à
ce que la position en soit élevée et assez solide pour
que le bord inférieur ne vienne pas presser le soldat à la taille.

Le sac même ne sera affecté qu'aux petits effets
de rechange, aux outils servant au nettoyage du
fusil, aux ustensiles de toilette à l'usage du soldat
et pour le soin de l'uniforme, à des pièces d'étoffe
pour de petits raccommodages, à des semelles et à
des munitions de réserve.

La giberne ou le sac à cartouches, qui doit toujours être à portée facile de la main, sera fixé au
ceinturon qui retient les courroies du sac.

Vu la grande diversité des chaussures employées
dans nos différentes provinces, la forme de la chaussure est plus difficile à déterminer que celle du sac.
L'homme habitué aux souliers ne peut supporter les
bottes et vice-versa.

La qualité principale d'une bonne chaussure sera toujours de ne pas serrer le pied. On se tire mieux d'affaire avec une chaussure trop grande qu'avec une chaussure trop petite; on peut corriger le premier défaut en garnissant la chaussure de foin ou de paille; le dernier, par contre, envoie bien vite le soldat à la voiture d'ambulance.

Il est d'une grande importance de veiller à ce que la poussière et la crasse ne pénètrent pas d'en haut dans la chaussure, car elles endommagent facilement le pied; des bottes, des bottines à haute tige ou des guêtres, paraissent être fort convenables, vu qu'elles excluent la poussière et autres inconvénients, et qu'elles peuvent en outre protéger le bas des pantalons. Pour ma part, je suis fort disposé à préférer les bottines à toute autre chaussure; elles ne reviennent pas plus cher que des souliers avec des guêtres, si ces dernières sont de peau, et elles ont sur les bottes l'avantage de moins bâiller et de ne pas endommager le pied en les ôtant, ce qui arrive facilement avec la botte, quand le pied est peut-être enflé après une longue marche dans l'humidité.

Il est important que le soldat porte avec lui un vase à cuire pour les cas urgents. Cet ustensile sera de préférence fait d'une seule pièce et sans soudure, tant parce qu'il durera davantage, que parce que les casseroles à bords ou replis soudés sont plus difficiles à tenir propres.

Le bidon de cuivre en usage dans notre armée est sans doute assez cher, et il exige souvent un nouvel étamage, mais l'expérience a démontré qu'il constitue un ustensile de cuisine durable et parfaitement approprié au but.

L'usage adopté de porter le bidon sur le sac, qui en reçoit un poids en arrière fatigant pour l'homme, doit être modifié de la sorte que le bidon se porte en sautoir à une courroie spéciale, passée sur l'épaule et fixée sous le ceinturon, quelque peu derrière la hanche.

Le fusil et la baïonnette, de la meilleure construction, constitueront l'arme de l'infanterie de ligne; la baïonnette sera portée dans un fourreau spécial, en marche, dans les feux prolongés à de longues distances, toutes les fois, en un mot, qu'elle ne devra pas être au bout du fusil.

Outre le fusil, le soldat sera muni d'une arme blanche, soit sous forme de couteau-sabre, soit sous forme de hache, tous deux fort utiles au bivouac, et pouvant servir dans les mêlées quand le fusil est hors d'emploi.

3:o De la Manoeuvre.

Je passe maintenant à la manière d'employer l'infanterie de ligne, à la manoeuvre, et quoique j'aie déjà traité cette matière importante à une autre occasion *), je crois devoir en parler ici un peu plus en détail.

En donnant un résumé du mode d'emploi des diverses espèces d'infanterie, je facilite la possibilité d'une comparaison entre elles; les analogies ou les différences existant dans leur tactique en ressortiront d'autant plus clairement.

L'infanterie de ligne sera formée sur deux rangs, car cette formation permet à chaque homme de faire usage de son fusil; elle possède une solidité convenable, et rarement elle amène l'encombrement qui souvent résulte de la formation sur trois rangs.

L'on ne manoeuvrera qu'exceptionnellement avec un bataillon en ligne, car il se comprend de soi-même que, dans ces circonstances, il est difficile au chef de bataillon de conduire et de maintenir sa troupe avec la vigueur nécessaire; il paraît, pour cette raison, parfaitement inutile d'exercer les marches en ligne avec un front entier de bataillon.

Il suit de là que, dans la réalité, la marche en ligne peut être employée principalement lorsqu'il s'agit d'occuper les positions demandant un grand front de feux, mais ne permettant ou n'exigeant pas dans leur défense un mouvement offensif des troupes qui les occupent. De cette nature sont, p. ex., des épaulement élevés pour la circonstance, des chaînes conti-

---

* Idées et réflexions sur les mouvements de la tactique moderne. Stockholm, 1868. Trad. française.

nues de hauteurs, des haies, etc., situées derrière un petit cours d'eau. On peut de même se figurer la formation en ligne utile dans une dernière défense désespérée de la lisière d'une forêt, mais pas avant que les tirailleurs n'aient été repoussés et ne puissent plus arrêter l'ennemi qui s'avance.

Il existe pour le bataillon 4 espèces de colonnes, savoir les colonnes doubles par division ou par peloton, la colonne par files et la colonne de marche (colonne par section); dans les deux premières colonnes, le bataillon présente le déploiement le plus grand qui soit compatible avec sa mobilité; elles possèdent un front de feux considérable et une profondeur suffisante pour être employables dans les attaques, surtout si les tirailleurs forment la troisième ligne de la colonne. Par le fait que, dans ces colonnes, deux compagnies forment la première et deux la seconde ligne, les chefs de compagnie sont mis à même de conduire et de diriger eux-mêmes leur compagnie, ce qui n'est pas le cas dans les colonnes simples par peloton, où des fractions de la même compagnie se trouvent placées les unes derrière les autres. S'agit-il de rompre par compagnie, ou les compagnies doivent-elles rentrer dans le bataillon, ces mouvements s'opèrent avec facilité. Avec leur profondeur relative peu considérable, ces colonnes exposent moins le soldat à l'effet du feu de l'artillerie, que les colonnes doubles ou formées sur l'un des pelotons des ailes, employées jadis avec tant de prédilection comme colonnes d'attaque.

Le changement de front sur le milieu de la colonne double par division n'est pas moins facile, surtout de pied ferme. Sur un terrain coupé, où la colonne double par division ne peut se mouvoir qu'avec difficulté, on la modifie sans peine en colonne avec »intervalles en avant«, et lorsqu'on se reforme en serrant, les officiers de la compagnie ont l'occasion de faire prendre aux lignes une ordonnance appropriée à la nature du terrain, circonstance à laquelle les chefs de compagnie veilleront tout spécialement. Les formations ci-dessus peuvent, dans la plupart des cas, s'appliquer aux brigades qui ne font pas partie de la réserve, ou, en un mot, à tout corps de troupe qui ne sera pas concentré sur un terrain étroit, ce qui ne doit avoir lieu que rarement à la portée du feu de l'ennemi. On peut, cependant, se représenter des cas où l'on se servira de la colonne double par division, pour des troupes placées sous le feu effectif de l'ennemi. Cette formation sera prise, p. ex., par les bataillons qui forment la réserve, et qui, placés sur les ailes d'une division marchant à l'ennemi, sont appelés à suivre le mouvement. Elle le sera encore et surtout par les bataillons de la seconde ligne, quand ceux de la première seront déployés en compagnies.

En règle générale, dans la formation sur deux lignes, les bataillons de l'une des lignes seront toujours placés derrière les intervalles de l'autre.

La colonne double par division est celle qui convient le mieux dans les charges à l'arme blanche, car on arrive sur l'ennemi avec un nombre considérable de baïonnettes, et les compagnies de la première ligne trouvent un appui vigoureux dans celles qui sont derrière.

Dans cette colonne, la fixation de la distance entre les compagnies de la première ligne et celles de la seconde ligne est entièrement remise au jugement du chef de bataillon; il veillera toutefois à ce que cette distance ne soit pas si grande que le bataillon ne puisse facilement former le carré (front de division), et elle ne sera pas inférieure à la longueur de section. Dans les attaques à la baïonnette, au moment même de l'élan, tombent toutes les prescriptions sur le maintien des distances.

La colonne double par peloton (colonne double) a une profondeur trop considérable pour pouvoir, avec les feux rapides de l'époque actuelle, être employée soit dans les marches offensives, soit durant le combat; son utilité est restreinte aux occasions où une force plus ou moins considérable doit être massée sur un espace étroit, ou quand de longues marches doivent être faites sur le champ de bataille pour exécuter un changement général de direction; dès que la tête de la colonne est arrivée dans la direction voulue, le bataillon prend un ordre moins profond.

La colonne par files est destinée aux longues marches et au passage des défilés. Il est facile de passer de cette colonne à la colonne d'attaque, en serrant en tête et sur les flancs.

La colonne de compagnie par files sera aussi comprise dans le règlement; le mouvement s'opère facilement par l'évolution des ailes de la compagnie en dedans. L'emploi de ce mode de formation fait éviter de longues marches de flanc.

S'il faut rompre le bataillon pour l'exécution d'une manoeuvre d'attaque, cela n'aura pas lieu en subdivisions plus petites que les compagnies, et elles avanceront couvertes d'un rideau plus ou moins fort de tirailleurs; ce mouvement, dépendant de la nature du terrain, de l'ordonnance de l'ennemi, de l'effet du feu, etc., peut servir avec avantage dans la manoeuvre de la brigade et doit être indubitablement considéré comme un produit de la tactique moderne.

Les colonnes par compagnie employées jusqu'ici avec leurs têtes sur la même ligne, et avec une colonne centrale du double plus forte que les colonnes des ailes, seront probablement supprimées dans un remaniement du règlement, cette formation étant désormais intenable dans un combat effectif; quand le besoin d'un ordre plus étendu se fut fait sentir, on croyait par là mieux pouvoir maintenir sous la

direction personnelle du commandant les parties sé-
parées du bataillon; cette idée aurait été juste si
une manoeuvre sur le champ de bataille se faisait
avec la même facilité et dans les mêmes conditions
qu'une manocuvre de parade.

Plus les compagnies déployées en lignes de tirailleurs sont fortes, plus il est nécessaire de tenir
en réserve des compagnies compactes.

Dans les manoeuvres du bataillon, le chef de bataillon pourra employer les compagnies déployées
en tirailleurs à soutenir une chaîne déjà lancée
en avant, tout en ayant bien soin de leur garder
toujours une réserve; ou, une compagnie ayant été
envoyée comme avant-garde, il disposera des 3 autres
des manières suivantes:

1:o En échelons, surtout s'il s'agit de menacer
un flanc ennemi par une marche offensive, accompagnée d'un changement de direction;

2:o Deux compagnies en première ligne et la
troisième, comme réserve, en seconde ligne (formation en bataille de la brigade); et enfin

3:o Une compagnie en première ligne, et les
deux autres, comme réserve, en seconde ligne, formées derrière les ailes de la compagnie en tête;
cette formation est employée quand il s'agit d'enfoncer l'ennemi.

Dans ces cas, on laisse au jugement des chefs de
compagnie de faire prendre à leur troupe, sui-

vant les circonstances, l'ordre en colonne ou de bataille, de marcher par pelotons avec intervalles ou en échelons.

Quand toutes les compagnies se trouvent sous le commandement immédiat du chef de bataillon, et qu'il s'agit d'une marche en avant, cette marche peut être exécutée en échiquier; les compagnies des deux lignes se dépassent alternativement, ce qui permet d'entretenir des feux continus au moyen des compagnies en tête.

Cette ordonnance tactique est particulièrement appropriée à la poursuite ou aux marches offensives sur un terrain battu par le feu de l'artillerie.

Si l'objectif de l'attaque est déterminé, les compagnies pourront se rapprocher peu à peu l'une de l'autre en avançant, tout en ayant bien soin de profiter de la protection qu'offre le terrain, pour autant que cela se concilie avec l'exécution du mouvement.

Dans les retraites, la première ligne de l'échiquier cherchera à arrêter l'ennemi, jusqu'à ce que la seconde ligne puisse prendre une position convenable pour engager à son tour avec force le combat et empêcher la poursuite.

Dans tous les mouvements décrits ci-dessus, les compagnies sont au chef de bataillon ce que les bataillons de la brigade sont au chef de brigade; les chefs de compagnie agissent d'après leur jugement propre et sur leur responsabilité personnelle, dès que le chef de bataillon a commandé et indiqué les détails de l'exécution d'un mouvement; dans ces circonstances, le bataillon doit être considéré comme une petite brigade.

Les bataillons employés ainsi par compagnies, ne sont en réalité que des soutiens mobiles et compacts des lignes de tirailleurs; ils engagent avec elles l'attaque et exécutent les feux proprement dits; pour cette cause, les chefs de régiment et de brigade doivent toujours veiller à avoir, derrière ces lignes plus minces, des troupes compactes dans une ordonnance qui leur permette, au moment utile, de s'élancer en avant et de fournir l'attaque principale conduisant à la victoire, ou de repousser, s'il le faut, les efforts faits par l'ennemi pour enfoncer les premières lignes.

Afin de tirer toute l'utilité possible des fusils à tir rapide de l'époque actuelle, les carrés présenteront des faces d'une étendue considérable, raison pour laquelle on ne leur donnera pas plus de deux rangs.

Quelques exemples tirés des dernières guerres (bataille de Sadowa), de divisions d'infanterie qui, sans former de carré, ont pu, par le seul effet de leurs feux, repousser des attaques de cavalerie, sont cités comme preuves de l'inutilité des carrés, car, dit-on, la rapidité du feu permet à l'infanterie d'arrêter les charges de la cavalerie en complète indépendance du mode de formation. Il est sans doute possible qu'un bataillon en colonne profonde n'ait pas besoin de perdre un temps précieux à former le carré; mais un bataillon déployé, presque la seule formation actuellement possible, doit préférer le certain à l'incertain, et ne pas négliger de former le carré à l'approche de la cavalerie, d'autant plus qu'un chef de cavalerie sagace et entreprenant saura bien, soit chercher le flanc du bataillon, soit se présenter avec la rapidité de l'éclair à un moment où le bataillon, engagé dans la mêlée, aura porté son attention ailleurs.

Le feu étant le principal pour l'infanterie engagée contre des troupes à cheval, chaque manoeuvre doit tendre à renforcer les flancs du bataillon dépourvus d'armes à feu. Or, pour un bataillon en ligne de bataille, cela ne peut guère se faire en repliant seulement les ailes en potence de manière à ce qu'elles forment un angle droit avec la ligne de front du bataillon; la queue manquera par là de protection, et le mouvement sera difficile à réglementer, car l'on ignore la direction dans laquelle aura lieu l'attaque de la cavalerie, et l'aile convergente ne peut pas toujours protéger son propre flanc, ni prendre une position perpendiculaire à celle du bataillon; il faudra donc chercher à réglementer une formation en carré, simple et facile à exécuter, qui mette le bataillon à même d'attendre la charge avec certitude de succès; cela fortifie la confiance du soldat, et lui donne cette supériorité morale dont on ne peut jamais avoir assez, surtout au commencement d'une campagne, quand le soldat n'a pas. encore été habitué à des attaques de cette nature.

Si la cavalerie attaque un bataillon quand celui-ci s'est formé sur un ordre plus mince, c'est-à-dire a éparpillé ses compagnies en tirailleurs avec soutiens, chaque troupe séparée cherchera à former le cercle, en ayant soin de s'appuyer réciproquement et d'augmenter sa force de résistance par des feux flanquants.

Que les divisions de tirailleurs en soient détachées ou non, la formation du bataillon en carré aura lieu d'après les mêmes principes.

Le carré devra pouvoir se former avec la colonne double par division ou avec la colonne par files pour point de départ; car, quand, p. ex., un bataillon formé en colonne par files a traversé un défilé, et qu'il se trouve inopinément attaqué par la cavalerie sur un terrain ouvert, de quelle urgence ne sera-t-il pas pour ce bataillon de pouvoir rapidement se former en carré!

J'ai déjà signalé, dans les pages précédentes, la nécessité, pour l'infanterie de ligne, d'avoir un certain exercice dans les manoeuvres en chaîne.

Deux espèces principales de chaînes constitueront les objets de l'activité de l'infanterie de ligne, savoir: 1:o les chaînes destinées à la protection des flancs et du front, et 2:o les chaînes de combat.

Les premières, d'une nature défensive, serviront à fouiller et à reconnaître le terrain sur lequel on doit passer, ou à donner aux troupes la liberté de manoeuvrer dans le voisinage de l'ennemi; elles exigent un nombre peu considérable de files, surtout en terrain ouvert, et le plus souvent on n'aura besoin d'y affecter qu'un ou deux pelotons. Dès qu'il ne s'agit pas de combattre, on fatigue inutilement la troupe en employant trop de monde dans ces chaînes.

La seconde espèce de chaînes est, comme son nom l'indique, destinée au combat. C'est avec elle qu'on engage une attaque, parfois même que l'on décide la lutte. La force de ces chaînes doit être exactement calculée sur les difficultés à vaincre; on aura donc égard à ce que le feu soit assez vif et les soutiens assez forts pour protéger les flancs ou renforcer la chaîne dans le cas où elle serait vigoureusement attaquée.

Quand une chaîne de cette catégorie passe des feux à la baïonnette, il n'est pas prudent, comme c'est actuellement le cas, de prescrire l'éparpillement en ligne de tous les soutiens, car alors il ne reste pas en première ligne de troupe compacte qui puisse, dans le cas où l'ennemi cherche à rompre la chaîne, se jeter avec vigueur à sa rencontre et faire avorter sa tentative.

Les pelotons de tirailleurs sont, d'après le règlement, placés sur les ailes, tant pour les renforcer que pour pouvoir se déployer rapidement en chaîne; le chef du bataillon pourra néanmoins, si les circonstances l'exigent, réunir tous les pelotons de tirailleurs sur l'aile menacée par l'ennemi, ou les employer partout où le danger se présente. Un bataillon opère-t-il, p. ex., un changement de front pour tomber sur le flanc de l'ennemi, il découvre, par le fait même de ce mouvement, son flanc propre, et alors il est temps de le renforcer et d'empêcher d'être soi-même débordé, en y envoyant immédiatement les quatre pelotons de tirailleurs. Dans la marche en avant, en échelons par compagnie, les divisions de tirailleurs peuvent être employées comme une espèce de réserve, propre à renforcer l'un ou l'autre échelon.

Rarement les tirailleurs auront à s'avancer au pas de course pour former la chaîne; car, dans un combat réel, le chef de bataillon doit pouvoir, dans la plupart des cas, prévoir suffisamment à l'avance le besoin de former une chaîne, pour que ce mouvement puisse s'exécuter avec calme; moins la précépitation est grande, plus le feu est sûr, et le feu sera toujours l'affaire principale pour le tirailleur. Rappeler à la course les tirailleurs au bataillon ne paraît, par contre, *jamais* devoir avoir lieu, car si le combat à la débandade est heureusement terminé, pourquoi demander de nouveaux efforts aux vainqueurs? S'il continue, on peut se voir forcé de renforcer la chaîne; mais il est clair que l'on ne fait pas revenir au pas de course les soldats engagés pour renouveler avec eux l'attaque au même pas.

Cependant, dans les exercices en temps de paix, l'on n'omettra pas les déploiements en chaîne au pas de course; ils peuvent se présenter exceptionnellement en guerre, et en outre, ils donnent de l'entrain et de la vie au service de tirailleurs. La rapidité des mouvements est absolument nécessaire, mais elle ne s'obtient pas en faisant parcourir à la course des distances plus ou moins longues à des lignes de tirailleurs; cela ne donne aux cadres, comme à la troupe, qu'une fausse idée du combat à la débandade; elle s'apprend en enseignant aux files le moyen de se servir du terrain, en les habituant à se transporter promptement d'un point protecteur à l'autre, tout en fournissant leurs feux et en conservant leur ensemble.

La brigade est placée sur deux lignes, pour que la première puisse être appuyée par la seconde. La manière la plus efficace de fournir cet appui, est de faire prendre en flanc, par les bataillons de la 2de ligne, l'ennemi qui s'avance pour attaquer la première.

Toutes choses égales, de deux combattants, aura une supériorité décidée celui qui aura pu manoeuvrer de manière à envelopper en partie son adversaire et à l'empêcher de délpoyer ses forces; si, p. ex., dans le but de vous enfoncer, l'ennemi a pris une formation d'une certaine profondeur et par conséquent diminué son front, il pourra se voir, si l'on menace son flanc, forcé de manoeuvrer en mar- -chant, et c'est le moment de l'aborder avec vigueur.

Quand plusieurs brigades doivent traverser un dé- filé, le mouvement s'opère par brigade, et régi- ment après régiment, pour éviter le désordre et la perte de temps; à mesure qu'elles ont franchi le défilé, les troupes se déploient de la sorte que les bataillons d'un régiment, et, si nécessaire, tous les bataillons de la brigade prennent position sur une même ligne, ceux qui suivent en formant une se- conde; ce n'est que lorsque le défilé est pris et la résistance rompue, que l'on reprend la formation pri- mitive (celle de la brigade sur deux lignes).

Le mouvement par brigade en échelons est sou- vent utile, et principalement quand on veut attaquer obliquement le flanc de l'ennemi ou enfoncer ses lignes, cas dans lequel on renforce la colonne en tête.

A moins que l'on n'ait en vue qu'une attaque simulée, l'on ne détachera jamais pour l'attaque des fractions de troupes des brigades, car les attaques véritables ne doivent pas être entreprises sans une mûre réflexion accompagnée de la résolution sérieuse de vaincre. La force destinée à l'attaque doit être alors assez grande pour que le succès soit possible; en lançant dès le commencement une force insuffisante dans la mêlée, on perd inutilement du monde et on donne à l'ennemi le loisir de se reconnaître et d'occuper les points faibles ou menacés.

L'histoire de la grande guerre de la Sécession américaine nous montre les armées belligérantes fortifiant presque toujours les positions qu'elles avaient prises, par des épaulements passagers, le plus souvent construits en quelques heures, derrière lesquels se plaçaient les lignes de l'infanterie; mais quoique le but principal de ces couverts artificiels fût de soutenir le courage des jeunes soldats peu exercés et manquant de discipline, ils ne doivent pas être dédaignés par des armées composées de troupes parfaitement aguerries. — En présence des pièces rayées, de l'artillerie actuelle, au tir si précis à de longues distances, et de la rapidité des feux de l'infanterie, il semble désormais que l'on doive, si les circonstances le permettent, choisir de préférence des positions défensives, balayant le terrain en front, et les renforcer par des ouvrages passagers, des abattis, etc. Bien occupées, des positions de cette nature rendent une attaque de front à peu près impossible, et forcent à diriger les attaques sur les flancs de la position pour qu'il y ait quelque chance de succès à espérer.

Si donc il s'agit d'entreprendre un mouvement de flanc contre un ennemi qui ne peut être attiré hors de sa position, l'assaillant cherche à prendre et à fortifier une position convenable devant le front de l'ennemi; par ce moyen, vous pouvez espérer, avec un nombre inférieur de troupes, soit de retenir quelque temps l'ennemi dans sa position, soit de résister à une attaque faite par des forces supérieures, soit encore de protéger vos lignes de retraite et vos communications; si l'on réussit dans le mouvement entrepris contre l'aile de la position ennemie, il est évident que l'ennemi se verra bientôt forcé de découvrir son front: alors on aura peut-être l'occasion de passer aussi à l'offensive avec la troupe plus faible dont on dispose, et qui jusqu'ici s'est tenue sur la défensive.

Les exemples que je viens de donner, auront suffisamment démontré, je l'espère, que le besoin d'un certain nombre de bons conducteurs, d'hommes d'initiative, si je puis les appeler ainsi, pour les fortifications accidentelles, se fait désormais vivement sentir dans chaque régiment de la ligne, car l'on ne peut compter d'avoir sous le main des troupes du génie dans toutes les occasions où ces travaux devront être exécutés.

Par suite de ce qui a été dit plus haut, j'ai la conviction que la tactique de l'époque actuelle doit tendre à essayer de porter la force de l'attaquant sur les flancs du défenseur, vu que, dans la plupart des cas, les attaques de front se termineront par une défaite.

Dorénavant, les manoeuvres en échelon seront probablement souvent employées, et dans ce cas, les réserves prendront une position intermédiaire, c'est-à-dire qu'elles formeront le trait-d'union entre la troupe manoeuvrant en avant et la troupe préposée a la garde du point même de départ du mouvement; en outre, les réserves auront à renforcer les troupes destinées à exécuter l'attaque de flanc.

Dans le cas où l'ennemi opérerait offensivement contre la force manoeuvrant en avant ou contre la position défensive, les réserves, par suite de leur position entre la position défensive et les troupes opérantes, sont toujours prêtes à se jeter sur le flanc de l'ennemi.

Les mouvements en échelons, entrepris contre un ennemi occupant une position, peuvent lui susciter différentes difficultés. Il sera, p. ex., forcé:

1:o De modifier des dispositions déjà prises;

2:o D'exécuter un changement de front, par lequel il mettra toujours l'un de ses flancs à découvert;

3:o D'abandonner sans combat une position peut-être bien choisie et laborieusement fortifiée.

Quand on occupe une position, il faut toujours prévoir la possibilité d'un mouvement ennemi contre l'un des flancs de la position, et dans ce cas, prendre ses mesures pour recevoir l'attaque avec vigueur; à cet effet, les réserves seront placées à proximité de l'aile qui, suivant le plus de vraisemblance, sera l'objectif de l'attaque.

Les divisions composées de trois brigades confèrent différents avantages tactiques. On peut, grâce à cette répartition, détacher la moitié de la force sans avoir besoin de fractionner une brigade; pendant le combat, si aucune brigade n'a été envoyée ailleurs, deux brigades pourront marcher à l'attaque, en ayant la troisième pour réserve; par là, les brigades deviennent aussi plus petites et partant plus mobiles; elles disposent chacune de leur parc, de leurs équipages, de leurs ambulances à elles; et, s'il est nécessaire de détacher une force plus petite que la brigade, on y peut affecter une demi-brigade, qui constitue aussi à elle seule une unité, le régiment.

IV.

DES CORPS D'ÉLITE.

Dans plusieurs armées européennes, on a formé, aux dépens de l'infanterie de ligne, divers régiments spéciaux ou corps dits d'élite; pour commencer, le nombre en fut peu considérable, mais ensuite, surtout dans quelques états, il s'est tellement augmenté, qu'il existe des divisions entières, des corps d'armée même, exclusivement composés de troupes d'élite.

Je crois que la création de ces corps est une méprise, pour ne pas dire une faute; l'infanterie de ligne, qui constituera toujours la masse principale d'une armée, est privée de la sorte d'une partie considérable de ses meilleurs soldats, soit que le régiment d'élite se forme par le choix des hommes de recrue d'infanterie les plus vigoureux et les plus intelligents, soit qu'il se compose de vieux soldats éprouvés de la ligne. L'expérience a démontré que chaque compagnie possède dans son sein quelques hommes supérieurs à la grande majorité en fait de capacité, de ténacité et d'amour du métier; enlevez à toutes les compagnies ces hommes d'élite propres à entraîner la masse à une action vigoureuse, et ayant à coeur la réputation de la compagnie, et réunissez-les dans des régiments spéciaux, l'armée gagnera sans doute à ce procédé quelques régiments d'élite distingués, mais la qualité de la masse principale en sera diminuée, et l'on aura, pour ainsi dire, privé l'infanterie de ligne de son meilleur sang. La jalousie, ce vice inhérent à la nature humaine, reçoit aussi, au grand détriment de la discipline de l'armée, un riche aliment dans la priorité que l'on donne naturellement aux troupes d'élite; et pourtant, au moment décisif, tous sont appelés à sacrifier, s'il le faut, la vie sur le même champ de bataille et pour le même objet.

Ce système de corps d'élite spéciaux donne naissance à d'autres inconvénients peut-être encore plus graves; dans des moments critiques, p. ex., quand l'issue de la lutte paraît incertaine, un commandant en chef peut se voir appelé à employer les troupes d'élite; or, comme ces occasions-là se passent rarement sans une perte d'hommes considérable, il est possible, si l'issue du combat a déjoué ses calculs, qu'à l'instant de la décision suprême, il soit mis en demeure de faire donner justement les troupes auxquelles il n'avait pas cru pouvoir se fier, et dont, par le fait, il a peut-être, involontairement sans doute, diminué la confiance en elles-mêmes.

L'issue du combat peut tout aussi bien dépendre d'un emploi prématuré que d'un emploi tardif des troupes d'élite. Il sera toujours difficile de saisir le moment opportun.

Les régiments d'élite ne sont reconnus comme tels dans l'armée, que lorsque leur bravoure et leur bon exemple les ont rendus dignes de recevoir ce nom à titre de récompense.

C'est en cultivant pieusement de nobles souvenirs reçus en héritage, que se développent les notions du soldat sur le sérieux de son métier; c'est par là que se perpétue dans le régiment cet esprit excitant chaque homme à des actes de valeur, quand la patrie menacée l'appelle au combat; c'est seulement de la sorte qu'un régiment acquiert le nom honorable de troupe d'élite.

V.

DES CORPS DE CHASSEURS.

Vers la fin du siècle passé, déjà, nous trouvons des armées possédant des corps spéciaux de chasseurs ou d'infanterie légère, qui servaient alors principalement comme partisans, mais en même temps faisaient le service de sûreté et d'avant-postes, et prenaient part au combat de tirailleurs, dans les rares occasions où ce combat avait lieu.

En Suède, chaque régiment avait à cette époque sa compagnie spéciale de chasseurs, formée de files tirées du régiment. Depuis lors, les compagnies de chasseurs ont été remplacées à quelques égards par les divisions de tirailleurs, quoique celles-ci ne puissent pas complètement remplir les exigences de l'époque actuelle à l'égard de l'important service qu'on leur demande; cela ne peut étonner personne, quand on réfléchit que les tirailleurs sont tirés de chaque compagnie, et réunis à l'instant où le régiment prend les armes; il est impossible d'attendre de l'ensemble et une habileté de tir suffisante d'une troupe organisée de la sorte.

Les exigences que l'on a sur ces divisions, sont infiniment trop grandes: tantôt elles doivent combattre des troupes spécialement armées, équipées et exercées en vue du service de chasseurs, et l'instant d'après, on les fera manoeuvrer dans l'ordre compact, et suivre le bataillon dans toutes ses manoeuvres.

L'armée française possède un nombre considérable de bataillons de chasseurs, principalement chargés du service de tirailleurs dans les divisions; ils possèdent une dextérité de tir poussée très-haut, et en général rien n'a été épargné pour en faire des troupes supérieures; aussi tiennent-ils une place honorée dans l'armée.

Les armées allemandes et russe ont aussi des corps spéciaux de chasseurs, ce qui n'empêche pas de faire faire le service de tirailleurs au reste de l'infanterie. En Angleterre, par contre, on trouve des corps de chasseurs *(Rifle-men)* exclusivement chargés dans l'armée du service *à la débandade*, tandis que l'infanterie de ligne manque de tout exercice à cet égard.

Dans le métier de la guerre, comme dans toutes les autres branches de l'activité humaine, avec les machines et les engins toujours plus perfectionnés par le génie de l'homme, les exigences en fait de connaissances et de capacité augmentent tous les jours davantage, et pour acquérir de l'habileté dans quelque chose, le travail de l'individu doit porter exclusivement sur une seule direction; sans cela, les essais s'arrêtent à la surface et n'atteignent pas le fond.

Avec cette vérité sous les yeux, celui dont le jugement sain et fondé sur l'expérience des choses, comprend et apprécie les différents genres d'habileté que l'on exige de l'infanterie actuelle, reconnaîtra qu'au point d'instruction où il se trouve maintenant en général, il est impossible à un soldat de s'approprier toute la somme des connaissances nécessaires au fantassin; il doit se contenter d'une partie de ces connaissances pour atteindre au moins dans une branche à la perfection. La division de l'arme de l'infanterie en différentes spécialités destinées à remplir des buts divers, sera donc une nécessité imprescriptible, et il est répondu par cela même affirmativement à la question du besoin de corps spéciaux de chasseurs.

1:o De la Formation des Recrues.

L'instruction des hommes de recrue des corps de chasseurs se fera, pour commencer, d'après les mêmes principes que pour les recrues d'infanterie; ils pourront donc recevoir en commun les mêmes exercices préparatoires; mais comme le chasseur a besoin d'une dextérité de tir, d'escrime et de gymnastique de beaucoup supérieure à celle du fantassin de la ligne, il est indispensable de consacrer au premier un temps d'exercice beaucoup plus long qu'à celui-ci.

La meilleure manière de parvenir à se procurer de bonnes troupes de chasseurs, sera la création d'écoles spéciales de tir, en activité la plus grande partie de l'année, dans lesquelles on enverra les hommes de recrue des chasseurs quand ils auront passé l'école du soldat de ligne.

Ces écoles spéciales présentent plusieurs avantages: d'un côté, les exercices y peuvent mieux être basés sur la capacité de chaque élève à suivre la marche de l'instruction; de l'autre, on est à même de donner un certain degré de perfectionnement à la méthode suivie dans l'instruction, les travaux ayant lieu dans des limites nettement définies et tendant à un but précis.

Ces écoles deviendront sans doute aussi les objets d'une vive sollicitude de la part des officiers; comme elles sont appelées à former une troupe qui devra chercher à distancer l'infanterie de ligne tant par ses connaissances que dans le domaine de la pratique, elles provoqueront, entre les deux espèces d'infanterie, une émulation louable, profitable à l'armée dans son ensemble.

La première instruction étant la même pour les deux catégories de fantassins, et ayant été traitée en détail dans des pages précédentes, il est inutile d'y revenir, et je m'occuperai seulement de l'école de tir des chasseurs.

Au premier rang des exercices qui feront l'objet de l'activité de l'école, se trouvent naturellement le tir à la cible et l'appréciation des distances. Pour donner aux exercices en temps de paix une direction autant que possible en harmonie avec les réalités de la guerre, le tir aura lieu tant sur un but fixe que sur un but mobile, avec et sans appui, le tireur étant debout, agenouillé ou couché, et enfin à des distances soit connues, soit soumises à l'appréciation du soldat. Si la consommation des munitions doit être envisagée comme une chose secondaire, c'est dans ces exercices; car l'on ne pourra jamais former de bons tireurs sans un travail persévérant, qui nécessairement implique une forte consommation.

Les mêmes raisons qui militent pour la variété des exercices de l'école des recrues, s'appliquent aussi à l'instruction des recrues dans l'école de tir; avec des exercices de tir journaliers, continués pendant 2 ou 3 mois, leur intérêt et leur goût au travail se relâcheraient, et l'on obtiendrait probablement de pires résultats qu'en faisant alterner cet enseignement avec d'autres exercices utiles au chasseur. Je compte parmi ces exercices, la gymnastique, l'escrime et le service de tirailleurs en terrain boisé et coupé.

Les exercices d'escrime n'auront pas seulement lieu homme contre homme, mais avec un seul homme contre plusieurs, et se feront tantôt dans la salle d'escrime, tantôt en plein air; en outre, on habituera l'homme de recrue, chargé de son fusil et de son sac, à traverser des gués et des marais, à gravir des hauteurs escarpées, à franchir des enclos et autres obstacles; de longues marches, entreprises alternativement sur des chemins frayés et dans des terrains boisés, tantôt en troupe compacte, tantôt en chaîne, constituent aussi une fort bonne école qui ne doit pas être négligée.

Une fois que le chasseur aura passé une école complète du genre de celle dont je viens de donner les traits généraux, il entretiendra facilement ses connaissances acquises, au moyen de courts exercices annuels.

Les bataillons de chasseurs, composés des hommes formés dans ces écoles, fourniront sans nul doute par leur conduite et leur excellente tenue à l'heure du danger, la preuve patente de ce que peut une bonne éducation militaire; et assurément, tous les amis d'une forte défense nationale désireraient que toutes les recrues de l'infanterie pussent recevoir la même éducation; mais les ressources du pays si fortement mises à contribution et la demande bruyante d'un armement national général, forcent l'organisateur à ne pas exiger de ceux qui doivent supporter ces charges, au-dessus du strict nécessaire pour sauvegarder avec espérance de succès la liberté et l'indépendance du pays.

Le nombre des bataillons de chasseurs ne pouvant être considérable relativement à celui des bataillons de l'infanterie de ligne, il s'ensuit nécessairement que le numéraire des recrues des chasseurs ne sera pas si grand que tous ne puissent recevoir leur instruction dans une école de tir unique, mais jouissant d'une situation suffisamment centrale. Il en résultera le grand avantage de donner à l'instruction toute l'unité de rigueur. Chez nous, les bataillons de chasseurs qui existent ou qui pourront être créés, ne se distingueront pas du reste de l'infanterie dans leur organisation. Ils recevront donc dans leurs rangs la landvehr de la localité où ils seront cantonnés. L'école que cette troupe-cadre de chasseurs aura suivie, la rendra particulièrement propre à diriger les jeunes soldats.

2:o Des Armes et de l'Equipement.

L'équipement du chasseur devra lui permettre d'agir sur tous les terrains, et principalement de faire, sans trop de fatigue, des marches rapides et de longue haleine. Mais comme la nature de ce service amènera souvent la nécessité de laisser en arrière les bagages de la troupe, l'équipement du chasseur sera suffisamment complet pour comprendre tout ce dont il aura besoin pendant une courte séparation d'avec les équipages et les parcs.

La coiffure du chasseur sera légère et protégera les yeux; le chapeau à larges bords remplit ces conditions, surtout si l'on donne en outre au soldat un bonnet de police dépourvu de visière.

Une longue veste remplacera la tunique; la partie inférieure du pantalon devra pouvoir se passer dans la tige des bottes ou être protégée par des guêtres de peau.

La capote, un peu plus courte que celle de l'infanterie de ligne, se terminera immédiatement au-dessous du genou; elle aura un fourreau, de préférence d'une étoffe imperméable; quand on ne fait pas usage de la capote, celle-ci se porte dans son fourreau, dont les deux extrémités se fixent au ceinturon. Le dos de la capote est muni de doublure; on y agrafe une grande poche, destinée à recevoir quelques-uns des effets les plus nécessaires au soldat, dans les occasions où une mission importante donnée au bataillon de chasseurs et demandant des efforts plus qu'ordinaires, ne lui permet pas d'emporter ses effets. Ce sera toujours un grand avantage que de pouvoir, pendant quelque temps du moins, rendre une troupe de chasseurs indépendante de ses bagages.

Les cartouches de réserve conservées dans le sac, et qui ne doivent jamais être laissées avec les équipages, se placent dans des poches spécialement pratiquées à cet effet à l'extérieur de la veste; en empaquetant convenablement les cartouches à douille de cuivre dont on fait actuellement usage, elles pourront, conservées de la sorte, résister quelque temps à l'humidité. Quand le chasseur n'emportera pas son sac avec lui, il se servira avec avantage de sa capote, et dans ce cas il se servira du fourreau pour y déposer tant sa veste que les effets de petit équipement conservés dans la poche mentionnée ci-dessus. Equipé de la sorte, le chasseur entreprendra facilement de longues marches.

Le sac, le ceinturon, le sac aux vivres et le bidon de cuivre seront à peu près de la même condition que pour l'infanterie de ligne.

Chaque compagnie de chasseurs sera accompagnée d'au moins un cheval de bât pour le transport des munitions de réserve; sans cette précaution, les chasseurs, dont la donnée principale est le tir à de longues portées, entraînant une consommation notable de munitions, pourraient être mis hors de combat faute de cartouches. Le fusil sera armé du sabre-baïonnette, que le chasseur portera dans un fourreau spécial au côté, ce qui ne le gênera pas.

3:o Des Manoeuvres.

Le but principal des manoeuvres du chasseur est le combat dans l'ordre épars en chaine ou par groupes. L'on n'exigera pas des bataillons de chasseurs une habileté bien grande à l'égard des manoeuvres de l'ordre compact; ils devront toutefois participer dans cette ordonnance aux mouvements de la brigade. Les bataillons de chasseurs et de la ligne auront pour la manoeuvre la même position de départ;

mais dans la division des premiers en pelotons, on veillera à ce que, contrairement à ce qui a lieu dans la distribution des derniers, le tiers de l'effectif de chaque compagnie affecté au service de tirailleurs, soit composé des plus jeunes soldats. — Tous les pelotons d'un bataillon de chasseurs étant également propres au service en question, cette prescription paraîtra peut-être superflue, mais elle a été donnée pour que l'on ait en premier lieu les plus jeunes soldats dans la formation des chaînes. Si, par exemple, le bataillon de chasseurs est en colonne, ce sont les pelotons de la tête qui marchent en avant pour former la chaîne; s'il est en ligne, ce sera les pelotons des ailes qui en seront chargés. Dans leurs différentes positions, ces pelotons auront toujours le plus court chemin à faire pour couvrir le front du bataillon. Les soldats les plus âgés, avec la même ordonnance que les tirailleurs du bataillon de ligne, restent à leur place et constituent la réserve.

Le combat sur deux chaînes du bataillon de chasseurs est à comparer au combat de la brigade sur deux lignes; si la première chaîne a besoin d'être renforcée, la seconde s'avance dans les intervalles de celle-là. L'emploi de la chaîne double est, par exemple, très-avantageux quand on envoie un bataillon de chasseurs occuper un terrain boisé pour appuyer les flancs d'une division opérante; sur les terrains de cette nature, l'ennemi ne peut pas sans difficulté

découvrir la force des troupes employées à l'entreprise; cela lui fera peut-être croire qu'il a devant
lui une force supérieure à la véritable, et l'amènera
dans ce cas à modifier ses plans.

La chaîne double trouve aussi son emploi dans les
attaques en flanc; si le terrain était tellement im-
praticable que la chaîne ne pût s'avancer avec ordre, chaque homme essayerait de parvenir comme il
le pourrait au point de ralliement.

Les ordres et les avertissements des chefs de la
chaîne passent de file en file; c'est le seul moyen
de s'approcher silencieusement de l'ennemi, pour autant que le terrain soit favorable.

On exercera aussi la manoeuvre du passage des
défilés.

Quand une chaîne en marche rencontre un défilé,
la manoeuvre nécessaire pour le passage s'opère du
centre de la chaîne, les distances entre les files
ayant été préalablement diminuées en faisant re-
ployer ces dernières des ailes sur le guide; mais si,
par contre, la ligne est en position devant le défilé,
le mouvement commence par l'une des ailes.

Quand le défilé est un pont, c'est le soutien qui
s'empare du pont sous la protection du feu de la
chaîne.

Quand la chaîne est attaquée par la cavalerie, elle
forme des cercles ou rallie ses files; un bataillon de
chasseurs chargé quand il se trouve dans l'ordre com-

pact, forme, par contre, le carré ordinaire. Sur un terrain qui n'est pas trop coupé, on emploiera avec avantage la chaîne par groupes; elle est plus solide pendant le combat, et les groupes résistent mieux à une attaque de cavalerie que les files de la chaîne ordinaire.

Les changements de direction en chaîne s'opèrent sur les files centrales; il faut toutefois diminuer préalablement les intervalles, ce qui permet aux chefs de surveiller plus facilement la marche de la manoeuvre et fatigue moins la troupe.

L'exercice qui convient le mieux au bataillon de chasseurs dans l'ordonnance compacte, est celui par compagnie.

Il sera fort utile aussi de faire manoeuvrer les compagnies en échiquier, chaînes en avant; pour tous les autres mouvements par compagnie dans l'ordre compact, on suivra ce qui a été prescrit à l'égard des compagnies de ligne.

Le commandant d'une troupe de chasseurs se rappellera toujours que les chaînes jetées par eux sont rarement employées exclusivement au service d'éclaireurs, pour couvrir le front ou les flancs, mais que ce sont de véritables chaînes de combat, qui, dans la plupart des cas, seront appelées au feu; on les fera pour cette cause plutôt trop fortes que trop faibles, la réserve nécessaire ne devant toutefois jamais manquer.

L'on ne répartira pas les bataillons de chasseurs dans les brigades, mais dans les divisions, où ils constitueront au moins le dixième de la force de ces dernières; ils y resteront à titre de corps indépendants, pour être employés au bon plaisir du divisionnaire. La répartition des bataillons de chasseurs dans les brigades amène l'inconvénient de devoir rompre la brigade quand on détache un bataillon de ce genre.

J'ai déjà énoncé, dans un autre travail *), qu'il n'est pas juste d'éparpiller l'artillerie de la division en la répartissant dans les brigades, car la composition de la brigade, relativement aux différentes armes, doit être basée sur la nature de l'entreprise qu'elle est appelée à exécuter. Je considère pour la même raison que les bataillons de chasseurs ne doivent pas être enchaînés aux brigades, mais leur être adjoints en plus ou moins grand nombre, suivant la nature de la mission dont celles-ci sont chargées.

Si le bataillon de chasseurs constituait à la règle une partie intégrante de la brigade, on courrait le risque de voir le service de tirailleurs exclusivement mis à la charge de ce bataillon, au détriment des chasseurs eux-mêmes, qui, peut-être, décimés ou écrasés de fatigue hors de saison, se trouveraient

---

* P. M. sur les Exercices de l'Armée (P. M. om Arméens Vapenöfningar).

mis hors de combat au moment même où leur
action serait le plus nécessaire; ce ne serait pas
moins fatal à la ligne, qui perdrait de la sorte toute
habitude du service de tirailleurs. Aucun chef ne
prodiguera ces bataillons de chasseurs. En le faisant,
on commettrait la même faute qu'en tirant toutes
ses munitions en temps inopportun.

VI.

•

DES CARABINIERS.

Eu égard au mode de leur emploi et à la nature de leurs attributions, ces tireurs les plus exercés de l'infanterie, ne seront jamais en grand nombre, mais on en aura suffisamment pour chaque occasion où leur action peut être utile; il me paraît qu'en prenant pour base l'effectif de guerre des compagnies, chacune d'elles devra posséder 6 ou 8 carabiniers. Quand le bataillon manoeuvre séparément, ces carabiniers peuvent suivre leurs compagnies respectives, ou, réunis sous des chefs spéciaux, les mouvements du bataillon; dès que le bataillon est rompu en compagnies, les carabiniers restent toujours avec les compagnies auxquelles ils appartiennent. Les carabiniers appartenant aux régiments ne seront pas en plus grand nombre que celui établi ci-dessus, car l'on enlèverait de la sorte trop de baïonnettes au combat; en outre, l'augmentation de cette force est en elle-même impossible, vu que l'on ne pourrait pas, dans chaque compagnie, élever chez un plus grand nombre la dextérité de tir au-dessus d'un certain degré. On choisit naturellement les carabiniers parmi les hommes qui ont montré la plus grande aptitude pour le tir, et qui ont reçu à cet égard une instruction théorique et pratique complète dans des exercices spéciaux.

Il sera inutile d'enseigner à ces hommes. les manoeuvres du bataillon dans l'ordre compact, car la plus grande dextérité de tir possible doit être tout.

Outre les carabiniers appartenant au régiment, on aura des corps spéciaux de cette arme, que l'on adjoindra aux brigades ou aux divisions.

Ces corps ne seront pas destinés à l'attaque proprement dite, et si, par exemple, ils suivent les mouvements offensifs d'une brigade, le feu, et non la mêlée, sera leur donnée principale.

Les corps de carabiniers seront astreints à un service continu, et par conséquent à une école de tir permanente; ils constitueront donc les tireurs les plus exercés de l'armée. Les principes de la manoeuvre par compagnie seront la seule partie de l'exercice dans l'ordonnance compacte qu'ils auront besoin d'apprendre. Ils sont destinés à pouvoir atteindre, à la plus longue portée possible, les officiers, les services de l'artillerie, ceux des autres engins de destruction: en un mot, à mettre hors d'état de

nuire et d'agir tout ce qui peut diriger ou renforcer les mouvements de l'ennemi. Leur tactique
propre est le groupe en chaîne, qui, toutefois, sera
règlementé de telle sorte que les hommes puissent
se débander si le terrain ne donne pas une protection suffisante au groupe.

Les groupes de carabiniers chercheront en général à occuper dans le combat une position telle, que
chaque mouvement offensif de la part de l'ennemi
puisse être repoussé par d'autres troupes que par eux,
circonstance par laquelle rien ne vient gêner la con-
tinuité de leur feu. On pratiquera volontiers pour
eux des trous de tirailleurs *(rifle-pits)*, surtout dans
la défense des positions, ou quand, à une longue
distance de l'ennemi, on veut appuyer de leurs
feux les préparatifs d'une attaque. A cet effet,
chaque compagnie de carabiniers sera suivie d'environ 20 ou 25 hommes, que l'on pourra tirer de la
landvehr affectée à la compagnie, portant une hache
et une pelle, et armés seulement d'une arme défensive légère (un pistolet à deux coups).

J'ai dit plus haut que les carabiniers ne s'enga-
geront pas dans la mêlée, et se garderont de s'ex-
poser de trop près au feu; cette troupe est trop
précieuse et son numéraire est trop faible pour
cela; par suite, les aides qui suivent les carabiniers,
ne se trouveront pas dans le voisinage immédiat de
l'ennemi. La présence d'un corps de travail de ce
genre, est, selon moi, pleinement justifiée par

l'expérience qu'un tireur fatigué tire mal; si l'on fait remuer la terre à la main qui doit ensuite appuyer et diriger le fusil, le tir manquera toujours plus ou moins de précision. L'on ne doit ni ne peut toujours compter sur l'aide du soldat de la ligne; il est déjà trop chargé pour porter encore des outils de travail, et l'on aura souvent peut-être, à exécuter ces travaux sur un point dans le voisinage duquel il ne se trouve aucune troupe d'infanterie d'une certaine force. Pour la brigade et la division, les carabiniers peuvent être regardés comme une espèce d'artillerie de position, dont, à une certaine distance, les avantages sur l'artillerie de campagne de l'ennemi se trouvent dans la surface de tir insignifiante que présentent ces petits groupes, en comparaison des chevaux et du service de l'artillerie.

Armes et Equipement.

A l'équipement des carabiniers appartiendra un bâton ferré muni d'une fourchette, afin qu'il ait toujours à sa disposition un appui solide pour son arme. S'il doit avoir une arme blanche, le seule convenable est évidemment le sabre-baïonnette; on peut même mettre en question la nécessité de cette arme, sans que je veuille pourtant la déconseiller; le manque en influerait peut-être désavantageusement sur le moral du soldat, et pourrait provoquer chez les officiers l'idée que leur troupe est hors d'état de coopérer dans des occasions offensives.

Comme pour les corps de chasseurs, les munitions seront portées par un cheval de bât.

L'équipement et l'habillement du carabinier ressembleront à ceux du chasseur; mais il ne portera pas lui-même son sac, du moins pas dans les occasions où il peut être appelé à fournir son feu; on le laissera sur le fourgon de la compagnie, ou il sera transporté sur une voiture spéciale. Vu la portée (600 à 720 mètres) du feu des carabiniers, les officiers et les sous-officiers seront munis de diastimètres.

A l'exception du sergent-major, tous les sous-officiers auront les mêmes fusils que la troupe, et leur nombre sera suffisamment grand dans chaque compagnie, pour que l'on en puisse compter un par groupe. Nul groupe n'aura plus de 3 ou 4 files.

Ces corps ne rendront pas inutiles les carabiniers du régiment, car les compagnies spéciales de carabiniers ne seront jamais en assez grand nombre pour suffire à chaque régiment. Le chef de division ou de brigade les envoie où le besoin l'exige, et alors il pourra bien arriver qu'elles suivront en plus ou moins grande partie un régiment pour le combat à distance. On prévient de la sorte un abus dans l'emploi des troupes dont un chef peut facilement se rendre coupable, en faisant, lorsque les carabiniers sont nécessaires pour occuper une position, ou dans toute autre circonstance, marcher les carabiniers qui sont incorporés au bataillon.

Il est certain qu'un emploi sagace et convenable des carabiniers appuie notablement la troupe qui s'avance, et qui, empêchée elle-même de se livrer à un feu effectif, trouve celui de l'ennemi déjà rendu à de longues portées.

D'après ma manière de voir, dans le cas où le projet esquissé ci-dessus de diverses espèces d'infanterie viendrait à être exécuté, le bataillon de ligne sera indépendant de tous les détachements à faire. Selon toute probabilité, il conservera la plupart du temps ses divisions de tirailleurs pour le combat dans l'ordre épars, comme ses carabiniers pour les feux à de longues portées. Si l'on peut fournir en même temps au bataillon de ligne une artillerie pouvant toujours suivre ses mouvements, il deviendra indépendant et gagnera en force.

Le chef d'une division tient alors sous sa main les bataillons de chasseurs et les compagnies de carabiniers affectés à la brigade; il en dispose tout aussi bien que de l'artillerie de campagne et de la cavalerie, en complète indépendance de la position qu'occupe son infanterie.

VII.

DES AMBULANCES.

Dans presque tous les pays qui ces dernières années ont eu des guerres à soutenir, dès la mobilisation de l'armée, le manque de médecins s'est fait sentir d'une manière sensible, et la question de l'organisation du service de santé n'a pu recevoir que difficilement une solution satisfaisante.

Les nations qui ont joui des bienfaits de la paix, peuvent, sans doute, recevoir d'utiles enseignements de celles ayant eu une expérience directe dans ces questions importantes; mais il reste nonobstant, pour toute personne non initiée aux secrets de la guerre, bien des obstacles à surmonter, bien des difficultés à vaincre; parmi celles-ci, la moindre n'est pas de savoir, dans le cours du combat, employer et répartir convenablement les médecins et les soldats d'ambulance. Afin d'arriver à des notions claires à cet égard, il faut s'être rendu suffisamment compte d'avance de la manière la plus convenable de placer les ambulances et les hôpitaux d'une armée opérante, de sorte que le travail soit également réparti, et que l'on puisse remplir les grandes exigences que l'on a désormais sur le service médical en campagne.

C'est indubitablement un grand avantage que d'avoir, dans les exercices en temps de paix, des médecins accompagnant les régiments et les corps; mais les laisser, pendant le combat, exposés à périr pour ainsi dire au milieu des rangs, ne serait pas conforme aux vrais intérêts de l'armée: la perte d'un médecin est irréparable, et le travail du pansement et du soin des blessés épuise promptement ses forces à un si haut degré, que l'utilité de sa présence en est singulièrement amoindrie. Ainsi, le champ même du combat ne paraît pas être l'endroit convenable pour donner des soins sérieux aux blessés; on établira donc à une distance suffisante de ce champ, l'ambulance de la première ligne, où se trouveront la plupart des médecins régimentaires, ayant avec eux le matériel porté sur des voitures d'ambulance. Derrière la 1ère ligne, et à une distance telle de cette ligne que l'on n'ait pas à craindre une attaque ennemie, on établira les hôpitaux volants de la 2de ligne, destinés à recevoir les blessés traités préalablement dans les ambulances; à ces hôpitaux sont attachés des médecins spéciaux.

Mais ce n'est pas tout que la présence et la distribution convenable des médecins. Il faut aussi chercher à former pendant la paix une troupe d'ambulance, dont chaque homme, après un cours pratique
suivi sous la direction des hommes de l'art dans les
grands hôpitaux militaires, soit suffisamment exercé
pour pouvoir faire le premier pansement, et aider
efficacement le médecin.

Presque toutes les nations possèdent actuellement
des troupes spéciales d'ambulance, réparties par
détachements dans les divisions; en Suède, en re-
mettant sur pied les files supprimées de l'indelta, on
en pourra affecter une partie à donner aux régiments
des sujets convenables à ce service.

Le régiment pouvant être considéré comme une
grande famille dans laquelle doivent régner la fraternité
et une confiance mutuelle, on comprendra sans peine
l'avantage qu'il y a à ce que les blessés de chaque régiment soient en premier lieu soignés par leurs camarades; dans leurs soins et leur sollicitude pour le
blessé, ceux-ci iront certainement plus loin que ne le
ferait un infirmier à lui inconnu et indifférent.

Si l'on affecte à chaque compagnie 6 soldats-
cadres d'ambulance, cette force doit pouvoir suffire,
tant pour le service dans la compagnie pendant le combat, qu'à l'ambulance de la première
ligne et à l'hôpital volant de la seconde. Quatre
de ces soldats resteront auprès de la compagnie, et au-

ront chacun le commandement d'une civière avec ses porteurs, pour le transport des blessés à l'ambulance. Le nombre des civières paraîtra peut-être trop grand, mais ce n'est pas le cas en réalité, vu qu'il est d'une grande importance que les moyens de transport pour les blessés ne manquent jamais; d'un côté, cela relève le moral du soldat, et de l'autre, les chefs peuvent empêcher par ce moyen les hommes de quitter les rangs pour aider au transport; s'il y en a qui par lâcheté aient abandonné le combat, ils n'auront pas à donner pour excuse la nécessité de secourir un camarade blessé, et l'on met fin d'un seul coup à ce prétexte des poltrons.

Le reste des soldats-cadres d'ambulance se réunissent par brigades, la moitié pour servir à l'ambulance de la 1ère ligne, l'autre moitié pour être mis à la disposition des hôpitaux volants de la sesonde ligne; (on chargera les plus âgés de ce service).

Si la brigade est composée de 32 compagnies, l'ambulance de la 1ère ligne aura environ 30 soldats d'ambulance, et un nombre égal sera affecté aux hôpitaux volants.

Les soldats d'ambulance ne seront pas armés du fusil, mais d'un pistolet et d'une arme blanche (couteau-sabre ou hache).

Lors des exercices annuels, ils seront exercés pendant un certain temps par les médecins dans l'aménagement des voitures d'ambulance, dans le soin des effets, etc., de manière à être complètement familiarisés avec leur service; dans les grands rassemblements de troupes, ils seront attachés aux hôpitaux de campagne.

Un ou deux sous-officiers accompagneront les soldats d'ambulance toutes les fois qu'ils seront détachés du régiment; un médecin les commande ainsi que la troupe.

Nul ne sera admis comme soldat d'ambulance s'il n'a été soldat approuvé au moins 3 ans, pendant lesquels il s'est fait connaître par la régularité de sa conduite.

Les soldats d'ambulance sont munis de sacs contenant les effets de pansement nécessaires. A-t-on à disposer de un ou de quelques hommes de réserve pour les porteurs, ils auront aussi des sacs du même genre.

Un nombre de 2 ou 3 médecins paraît être suffisant pour le service dans la brigade, quand elle est engagée au combat, vu que, comme il a été dit plus haut, les blessés seront immédiatement envoyés à l'ambulance de la 1ère ligne.

Comme moyens de transport entre la 1ère et la 2de ligne (les hôpitaux volants), des voitures de paysan, remplies de foin ou de paille pourront être employées avec avantage; munies de ressorts, elles en vaudront d'autant mieux; les échelles seront mobiles, pour que les blessés puissent être introduits couchés dans les voitures.

A la règle, on emploiera dans la première ligne des tentes pour les blessés, et si la saison le permet, on en aura de même dans la seconde ligne; celles-ci devront pouvoir contenir de 12 à 20 malades, et surtout permettre un aérage abondant et convenable. S'il n'y a pas de tentes en nombre suffisant, on aura recours à des édifices pour y placer les blessés de la seconde ligne; dans ce cas, l'on préférera plusieurs petits édifices à un grand, vu qu'ils fournissent mieux qu'un grand une bonne ventilation entièrement indispensable aux malades.

Dans les hôpitaux mobiles de la 2de ligne, il faudra, pour la préparation de la nourriture tant des malades que du service, des voitures de cuisine d'un modèle convenable: on ne trouve pas toujours des cuisines à sa disposition, et, s'il y en a, souvent elles doivent être affectées exclusivement aux besoins de la pharmacie de campagne.

En munissant chaque division de deux voitures de ce genre, fournissant environ 200 rations chaudes, il sera possible, dans les cas où les troupes de garde sont exposées à des fatigues pénibles et peut-être n'ont pas la permission de faire du feu, de leur donner de la nourriture chaude en employant les vivres amenés dans les voitures.

Un service de santé organisé sur un bon plan, amène plusieurs avantages; au moment du besoin, chacun sait sa place, connaît le domaine de son activité, et le manque de médecins est moins sensible.

———

Quoique dans ces lignes, me tenant strictement à la tâche que je m'étais proposée, je ne me sois occupé que de l'arme de l'infanterie, je crois devoir ajouter que personne, et le fantassin moins que tout autre, ne doit déprécier l'importance des autres armes.

Les projectiles de l'artillerie cherchent et atteignent l'ennemi à des distances où l'infanterie est impuissante; comment en outre s'emparer de positions bien choisies ou de places fortifiées, si cette arme ne renversait les obstacles et ne frayait le chemin à l'infanterie?

L'appui que donne la cavalerie n'est pas d'une moindre valeur. Qui allége la marche de l'infanterie, qui lui permet un repos calme au bivouac, sinon le cavalier, toujours actif, toujours alerte, apercevant à temps l'ennemi qui s'approche? Pendant le combat même, la cavalerie peut répandre le désordre dans les rangs ennemis, et la victoire gagnée, elle achève la défaite.

Que le fantassin ne se glorifie donc pas de ce que l'arme à laquelle il appartient compte une plus grande force numérique que toutes les autres, mais qu'il les considère comme de loyaux camarades, qui, partageant avec lui des dangers égaux, avec lui moissonneront les mêmes lauriers.

TABLE DES MATIERES.